Ben Redelings

VfB-Album

Unvergessliche Sprüche, Fotos, Anekdoten rund um den VfB Stuttgart

VERLAG DIE WERKSTATT

Die »Sportillustrierte« vom 22.11.1966

»Stadion aktuell« im Wandel der Zeit: oben vom 11.11.1998, rechts vom 8.12.2007 (beide übrigens zu einem Heimspiel gegen den VfL Wolfsburg)

Autogrammkarte der Saison 1989/90

Der »kicker« vom 10.12.1979 mit Bernd Klotz auf dem Cover.

»Ich beglückwünsche den VfB Stuttgart zur ersten gesamtdeutschen Fußball-Weltmeisterschaft.«

(Erwin Teufel als Ministerpräsident von Baden-Württemberg)

»Die hab ich noch nicht probiert, aber im Allgemeinen mag ich Geflügel sehr gerne.«

(Der Ruhrgebiets-Junge Thorsten Legat nach seinem Wechsel zum VfB auf die Frage, wie er denn Spätzle fände)

Autogrammkarte der Saison 1997/98

»Ich habe mich von meiner Kompetenz beirren lassen.«

(Der frühere Stuttgarter Thorsten Legat begeistert auch heute noch mit wunderbaren Zitaten – dieses hier fiel während einer Pressekonferenz des FC Remscheid im Herbst 2015.)

»Wir werden Gas geben, bis der Akku leer ist. Dann werden wir sehen, wie lange noch zu spielen ist.«

(Alexander Zorniger vor dem ersten Saisonspiel)

»Die Stuttgarter massieren sich in der eigenen Hälfte.«

(Sportjournalistin Sabine Töpperwien)

»Ihr seid nicht der **Nikolaus**. Hört auf, Geschenke zu verteilen.«

(Spruchbanner der Fans im Winter 2015)

»Auf unserer Baustelle ist immer noch mehr Stimmung als beim FC Bayern.«

(Horst Heldt während des Stadion-Umbaus)

»Der Beifall gilt **Hansi Müller**, der sich jetzt auszieht.«

(ARD-Sportkommentator Fritz Klein)

»Wir haben den Anspruch, dass wir einen hohen Anspruch an uns haben.«

(Sportdirektor Fredi Bobic)

»Früher gab es kein OZON, eher mal einen TRITT in den ARSCH.«

(Rolf Rüssmann zum Thema Hitzefrei beim VfB Stuttgart)

»Der Schiri war unser gefährlichster Gegner, den konnten wir nicht decken.«

(Arie Haan)

»Ich bin nicht verheiratet, also habe ich auch keine Not, Schürzenjäger zu sein.«

(Maurizio Gaudino)

Der »kicker« vom 14.1.1991 mit Maurizio Gaudino auf dem Cover

Starschnitt
Huub Stevens

Autogrammkarte der Saison 2014/15, in der er den VfB zum zweiten Mal vor dem Abstieg rettete

»Ich bin kein Messias – oder habe ich etwa Sandalen an?«

»Ich bin um diese Zeit sowieso schon wach.«

(Stevens ordnete das Straftraining für Moritz Leitner um 6 Uhr in der Früh nicht nur an, sondern war auch live dabei.)

»Ich verbiete alles, die dürfen nur noch trinken und essen. Schade für die Frauen.«

(Über mögliche Verbote für seine Spieler vor dem Bundesligaspiel gegen den HSV)

»Dass sie zwei Augen haben.«

(Vor dem Anpfiff auf die Frage, was er in den Augen seiner Spieler gesehen habe, als er auf den Platz gegangen ist)

»Mit dem Bus.«

(Auf die Frage, wie man als Tabellenletzter nach Hoffenheim fahren würde)

Starschnitt

Hansi Müller

Udo Lattek möchte in den 1970ern gerne Hansi Müller vom VfB Stuttgart zur Borussia nach Mönchengladbach locken – doch nach einem Besuch bei der Familie Müller gibt der Trainer überraschend schnell auf: **»Als ich das Verhältnis Hansis zu seiner Mutter sah, wusste ich, der kommt nicht zu uns.«**

Beim Auswärtsspiel seines VfB Stuttgart bei 1860 München in der Saison 1980/81 hadert Hansi Müller mit dem Ball – er ist zu wenig aufgepumpt. 15 Züge, schätzt der attraktive Jungstar, fehlen dem Spielgerät: »Ich habe zum Schiedsrichter in der Pause gesagt, er möchte den Ball aufpumpen.« Doch nachdem der Unparteiische aus Dortmund, Manfred Uhlig, ihm nach der Halbzeit den Ball stolz präsentiert, ist Müller konsterniert: »Ich hatte das Gefühl, da waren 15 Züge raus- anstatt reingepumpt worden.« Und abschließend sein fast schon poetisches Urteil: »Da war keine Seele drin!«

»Ausgerechnet der, der Skat spielen kann, wird verkauft!«

(Walter Kelsch über den Wechsel seines Mitspielers Hansi Müller vom VfB Stuttgart zu Inter Mailand)

»Exklusiv-Reportage« des »fußball magazins«: aus dem Privatleben von Hansi Müller

Sachen gibt's. Stuttgarts Star Hansi Müller hat während der Saison 1981/82 schon länger ein komisches Gefühl. Irgendwas stimmt nicht. Aber was? Da zeigt ihm ein Mitspieler einen Spruch auf einer Werbebande. Müller kneift die Augen zusammen und kann doch nichts entziffern. Noch am selben Nachmittag geht er zum Arzt – und bekommt eine Brille verschrieben, wie seine Nationalmannschaftskameraden Breitner und Magath!

Hansi Müller im Sommer 1981

Hansi Müller belegt bei der »Bravo Boy«-Wahl 1976 den sechsten Platz. Er hat gerade seine erste Profisaison beim VfB Stuttgart hinter sich, und die Damen und Herren des Jugendmagazins sind ziemlich verwundert, als Müllers Bewerbung eintrudelt. Hansi selbst war es jedoch nicht, der die Unterlagen zur »Bravo« schickte. Es war sein Bruder. Der hatte sich gedacht, dass man so viel Schönheit einfach einmal einer größeren Öffentlichkeit präsentieren müsse. Zu diesem Zeitpunkt konnte er natürlich noch nicht ahnen, dass Hansi schon bald vor Millionen Fußballanhängern würde vorspielen dürfen.

Teenie-Star Hansi Müller war auch in der »Bravo« ein großes Thema.

»Schwer zu erklären, wir waren nicht gut genug, ganz einfach.«

(Thomas Hitzlsperger nach einer Niederlage)

»Wenn ich gewusst hätte, wie viele Sprachen ich in meiner Karriere benötige, wäre ich in der Schule fleißiger gewesen, hätte **Abitur** gemacht und wäre **Dolmetscher** geworden.«

(Maurizio Gaudino)

Ganz entspannt: Gaudino auf dem Cover des »fußball magazins« im Juli 1987

Keeper Marc Ziegler wird während seines vierten Bundesligaspiels (1:1 auf dem Betzenberg in der Saison 1995/96) von den Lauterer Fans ordentlich mit Schmährufen bedacht. Das Harmloseste, was er sich anhören muss, sind die »Ziegler, du bist nervös!«-Gesänge. Auf die Frage eines Journalisten, ob er denn gerne Ohropax gegen die Rufe in den Ohren gehabt hätte, antwortet der VfB-Keeper: »Nee, die Rufe habe ich gar nicht gehört. Und Ohropax brauche ich höchstens nachts im Trainingslager. Mein Zimmergenosse Radoslav Gilewicz schnarcht fürchterlich.«

Autogrammkarten von 1995 (links) und 1996 (rechts)

Torwart-Neuzugang Franz Wohlfahrt zeigt sich erstaunt über das Niveau in der Bundesliga:

»Da hatte ich in der österreichischen Operettenliga mehr zu tun!«

Stadionmagazin vom 15.3.1997

Unter Trainer Jogi Löw legt die Mannschaft in der Saison 1996/97 einen Blitzstart hin, der den Coach dazu verleitet, ungewöhnlich euphorisch vom VfB als **»Verein für Ballzauber«** zu sprechen.

»Grundsätzlich ist es mir egal, was meine Spieler essen und trinken. Hauptsache sie nehmen mir bei McDonald's keinen Platz weg.«

(Felix Magath)

»Wenn in einem Theater die Heizung nicht funktioniert, fällt die Vorstellung aus. Wir aber ›zwingen‹ die Zuschauer, bei Eis und Schnee ins Stadion zu kommen. Wir sind eben die härteren Schauspieler, und wir haben ein abgehärtetes Publikum.«

(Arie Haan)

Nur was für die ganz harten Schauspieler: ein Fotoshooting im Schnee am 1. Dezember 1990

Felix Magath klingt überzeugend, als er in der Saison 2001/02 ein ganz besonderes Versprechen abgibt: »Der VfB ist meine letzte Station als Bundesliga-Trainer.«

Saison 1996/97: Fredi Bobic packt in der »Bravo Sport« aus und plaudert über seinen VfB.

Saison 1996/97: Fredi Bobic gewährt einen Blick hinter die Kulissen des VfB und seinen Spielern. Franco Foda ist kein Liebling der Physiotherapeuten, weil er der »Massagekönig« ist und sich fast täglich auf die Bank legt. Hendrik »Herze« Herzog fährt das hässlichste Auto – einen knallgelben Volvo. Kapitän Frank Verlaat singt gerne mit seiner Frau Cassandra auf Vereinsbällen im Duett – ihr gemeinsamer Hit: »New York, New York«. Und Thorsten Legat heißt bei seinen Mannschaftskameraden nur noch »Doso«, weil er bei einer Korea-Reise so tat, als ob er Koreanisch sprechen könne. Dauernd habe er versucht, mit Einheimischen ins Gespräch zu kommen, doch egal, was er auch sagte, es hörte sich wie »Doso« an – und die Koreaner verstanden natürlich kein Wort. Ansonsten läuft Legat gerne oben ohne rum. Seine starken Muskeln soll nicht nur er allein genießen dürfen.

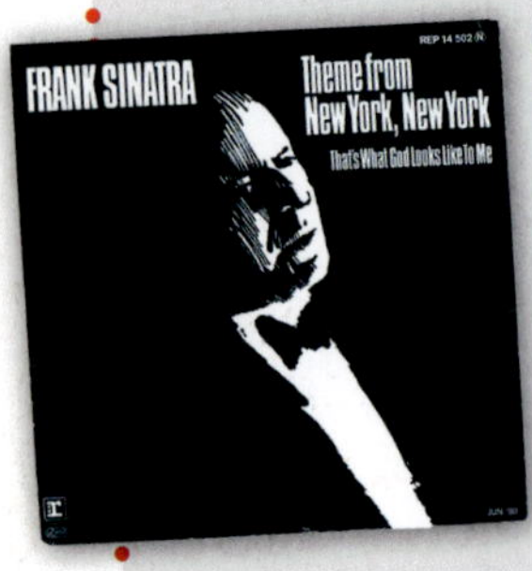

»Es waren GUTE **Momente dabei, aber auch Momente, da war es** KREISLIGA.**«**

(Trainer Huub Stevens zu den Leistungen seines VfB Stuttgart gegen den Hamburger SV)

Autogrammkarte der Saison 2013/14

Egon Coordes (August 1972)

»Ach, lesen Sie doch mal einige Dinge in der Boulevardpresse. Da muss ich sagen, da war Münchhausen Empiriker dagegen, was da zum Teil erscheint.«

(Trainer Christoph Daum)

»Körperlich gibt es keine Probleme – **physisch** müssen wir was tun.«

(Egon Coordes)

Am 26. Januar 1974 erzielt Buffy Ettmayer im VfB-Trikot in der Partie gegen Eintracht Frankfurt das 10.000. Bundesliga-Tor. Wie immer ist die Schilderung danach fast so schön wie der Treffer selbst: **»Ich habe links abgerotzt, genau in den Bügel. Den Ball brauchte der Goalie nicht aus dem Tor holen, der kam vor lauter Wucht alleine raus.«**

Exakt 94 Sekunden benötigt man beim VfB Stuttgart auf der Jahreshauptversammlung in der Saison 1977/78 für alle Wahlgänge. Gerhard Mayer-Vorfelder wird an diesem Abend in seinem Amt bestätigt. Leiterin der Veranstaltung ist die Frau vom Trainer: Monika Sundermann. **Beobachter sind angesichts des bekannten TV-Gesichts, Assistentin bei »Dalli Dalli«, der Schnell-Rate-Show mit Talkmaster Hans Rosenthal, nicht verwundert über das außerordentliche Tempo der Vereinssitzung!**

VfB-Mitglieder-Magazin »Dunkelrot« 1/2010

Ich war mit einem Auge hier und mit dem anderen Ohr in Bremen.

(Christian Gross über ein Fernduell um einen Platz in der Europa League)

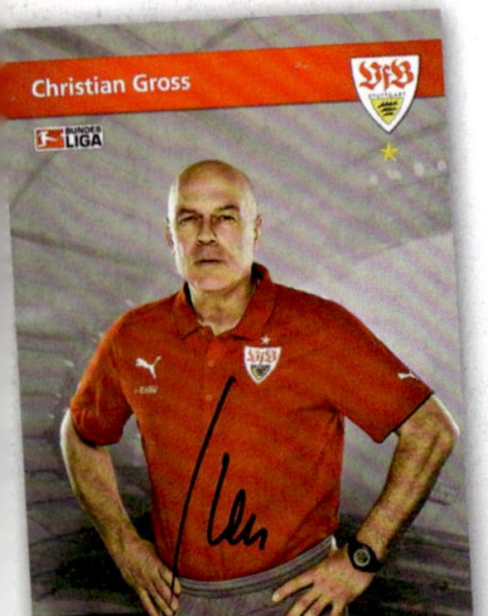

Autogrammkarte der Saison 2009/10

Neuzugang Didier Six ist in Stuttgart schon nach ein paar Tagen Training vollkommen fertig mit der Welt: »Ich bin ein Arsch. Warum gehe ich in die Bundesliga, wo man so viel laufen und kämpfen muss? Ich hätte in Frankreich doch wesentlich leichter ebenso viel verdienen können.«

Didier Six auf dem Cover des »kicker sportmagazins« im Oktober 1982

»Wir haben ungefähr 27 Gruppen im Kader. Wir treten an unter der Prämisse der Artenvielfalt.«

(Christoph Daum über die Grüppchenbildung in seinem Team)

»Als ich beim VfB war, hat der fortwährend an meinem Stuhl gesägt. **Ein Sägeknecht!**«

(Arie Haan über Willi Entenmann)

Willi Entenmann

»Jeder Teamtrainer ist zum Tode verurteilt, er weiß aber nicht, wann er sterben wird.«

(Giovanni Trapattoni)

»Ich glaub, die drei, vier Chancen, die wir hatten in der 1. Halbzeit, die haben uns so a bissl das Knie gebrochen.«

(Tobias Weis als Regionalliga-Spieler beim VfB)

»Wir sind mit einem blauen Auge davongekommen – und das war schon zugeschwollen.«

(Bruno Labbadia)

Der Streit um Horst Köppel

Anfang der Saison gibt es Probleme mit dem Wechsel von Horst Köppel. **Der Stuttgarter hat sowohl bei den Schwaben als auch in Mönchengladbach einen Vertrag unterschrieben – beim VfB allerdings etwas früher als bei der Borussia. Am 26. März 1968** morgens um halb drei **setzt Köppel seine Unterschrift unter die Abmachung mit dem VfB. Sein Vater ist in diesem Moment abwesend, deshalb soll seine Mutter unterschreiben, was sie aber nicht tut. Das Schriftstück ist somit eigentlich hinfällig, da Köppel noch nicht volljährig ist. Da in dieser Nacht auch Sekt konsumiert wird, spekuliert die Presse, ob das Talent möglicherweise angesäuselt gewesen sein könnte, doch Köppel widerspricht:** »Ich stand nicht unter Alkoholeinfluss. Zwei Gläser hatte ich höchstens getrunken. Also, in dieser Beziehung kein Vorwurf an den VfB.« **Die Stuttgarter bleiben hartnäckig, und auch Horst Köppel stellt auf stur: »Lieber warte ich ein Jahr, als dass ich zurückkehre.« Am Ende einigt man sich schließlich doch noch – lange sollte Köppel mit diesem Entschluss allerdings nicht glücklich sein.**

Starschnitt ……………………

Helmut Benthaus

»Spielen kann nur, wer den Ball hat.«

Helmut Benthaus wechselt vom FC Basel zum VfB Stuttgart und Max Merkel lästert: **»Der kennt die Bundesliga doch nur aus der Peep-Show.«**

Autogrammkarte der Saison 1982/83

»Unser Trainer ist kühl, bedächtig, intelligent. Und genauso spielt jetzt die Mannschaft!«

(VfB-Geschäftsführer Ulrich Schäfer)

Helmut Benthaus mit der Meisterschale im Mai 1984

Helmut Benthaus ist der erste Trainer der Fußball-Bundesliga, der als Spieler und Trainer Deutscher Meister wird. Als Spieler holte er 1964 den Titel mit dem 1. FC Köln und 1984 wiederholt er diesen Triumph als Trainer mit dem VfB Stuttgart.

»Wissen Sie, was dieses Ereignis für mich bedeutet? **Es war mehr als ein Sieg**. Es war für mich so etwas wie die letzte Bestätigung meiner Arbeit als Trainer – ich war vorher ein paar Mal Schweizer Meister geworden, gut. Aber im Hinterkopf plagt die Schweizer doch immer dieser Komplex: Der richtige Fußball beginnt erst jenseits des Schlagbaums – drüben, in der Bundesliga. Ich war, wie gesagt, siebenmal Schweizer Meister – als Deutscher. Dann ging ich rüber und wurde Deutscher Meister – als Schweizer. Vielleicht ahnen Sie jetzt, was dieser Sieg mir wert ist.«

(Jahre später über die gewonnene Meisterschaft)

»Im Training ließ Herr Benthaus Bemerkungen fallen, die sensible Spieler total aus dem Gleichgewicht brachten.«

(Karl-Heinz Förster)

Das Problem ist folgendes:
Schaffst du es als Trainer, den Spielern ständig etwas zu erzählen, was die noch nicht wissen? Nein? Dann pack deine Sachen und erzähl, was du zu erzählen hast, doch bitte woanders.

(Arie Haan)

Sammelbild von Arie Haan zur WM 1978 in Argentinien (links) und eine Autogrammkarte von ihm als VfB-Trainer (Saison 1987/88)

»IMG hat eine Analyse machen lassen, die besagt, dass ich sehr **sympathisch**, **beliebt** und sehr **werbewirksam** sei. Ich hoffe, dass das noch lange so bleibt.«

(Felix Magath über eine Analyse seiner neuen Vermarktungsagentur)

»Das Flackern in meinen Augen werde ich auch in Zukunft nicht ändern können.«

(Christoph Daum im Zusammenhang mit seinem Drogengeständnis)

Autogrammkarte der Saison 1995/96

»Wenn ich sehe, dass wir in Dortmund 3:6 verloren haben und diesmal in München nur 3:5, dann sind wir auf dem richtigen Weg. Übrigens, das war ironisch.«

(Der Schweizer Trainer Rolf Fringer)

Guido Buchwald bekommt Konkurrenz in der Nationalmannschaft. Im Gespräch ist auch sein Bremer Widersacher Uli Borowka. Da kann der Stuttgarter aber nur hell auflachen: **»Wenn der stärker ist als ich, dann heiße ich Hermann!«**

»Momentan läuft uns das Pech meilenweit hinterher!«

(VfB-Trainer Hermann Eppenhoff)

»Strehmels Attacke gegen Sawitschew roch nach Elfmeter. Doch Schiedsrichter Löwer hatte hier eine verschnupfte Nase.«

(Kommentator Markus Jestaedt)

Stadionmagazin vom 30.3.2013

»Wir haben keine Auswärtsschwäche, sondern eine Ergebnisschwäche in Auswärtsspielen.«

(Christian Gentner)

»Der VfB Stuttgart hat drei Trainer-Kandidaten. Die Namen werden geheim gehalten! **ES BESTEHT FLUCHTGEFAHR.**«

(Kommentator im Süddeutschen Rundfunk)

Als der VfB am 30. Spieltag der Saison 1974/75 zu Hause mit 3:4 gegen die Frankfurter Eintracht verliert, ist Jürgen Grabowski untröstlich über sein Tor in der 91. Minute: »So leid tat mir ein Tor noch nie!« An diesem Tag steht vor der Kabinentür der Stuttgarter ein Junge und weint hemmungslos. Als der Trainerassistent des VfB, Millinger, das sieht, sagt er zum Kleinen: »Solange Spieler lachen, brauchst du nicht zu heulen!« Irritiert verlässt der Junge den Ort des Geschehens. Es ist der Sohn des Hausmeisters.

»**Eigentlich wurde ich noch nominiert! Habe aber abgesagt! Sie müssen auch mal ohne mich Titel holen @DFB_Team**«

(Kevin Großkreutz im Juni 2016 bei Twitter)

Markus Babbel 2007 mit der Meisterschale, daneben Roberto Hilbert

Zwei wie Pech und Schwefel

Die Bundesliga rätselt: Wer ist wer? Bei den Kremers-Zwillingen war es ein Muttermal, an dem man Erwin von Helmut unterscheiden konnte, wenn man ganz genau hinsah. Bei den Stuttgarter Schmäler-Zwillingen gibt es äußerlich nicht einen einzigen Ansatz zur Unterscheidung. Olaf gibt zu, dass es sehr, sehr schwierig sei, die beiden auseinanderzuhalten – einzig beim Essen könne es gelingen: »Zwischen Nils und mir gibt es bloß einen gravierenden Unterschied – ich mag keine Zwiebeln!« Für die Zuschauer ist es etwas einfacher, da zumeist nur Nils Schmäler im Kader ist. Zwilling Olaf tun deshalb die Momente besonders weh, wenn der Bruder mit der Mannschaft zu den Spielen abreist. Die Verbindung ist sehr eng: »Nils steckt in mir drin. Er ist die zweite Hälfte von mir.« Das müssen auch die Trainer leidvoll erfahren, wie Olaf erzählt: »Wenn ich mir im Training einen blauen Zeh hole – passiert dem Nils am nächsten Tag genau das Gleiche. Verrückt, oder?«

Die Schmäler-Zwillinge: Nils trägt die Locken etwas in der Stirn. Rechts Olaf

Aus der »Sport Bild«

Starschnitt Guido Buchwald

BU:XXxxxx

Guido Buchwald hat sich nach und nach hochgekämpft beim VfB. Und das tat ihm gut, wie er selbst findet: »Leute, die plötzlich hochgejubelt werden, schnappen über, weil sie das Hinaufwerkeln nicht kennen, von der letzten Reihe im Ballett in die vorderste, vom Statieren zum Vortanzen.« Guidos größter Fan sitzt zu Hause. Frau Sylvia mag seine kämpferische Art, immer alles zu geben. Nach einem Länderspiel, für das Buchwald viel Kritik einstecken musste, sagt sie: »Reg dich nicht auf. Auch für mich hast du ein gutes Spiel gemacht. Obwohl man am Fernseher kaum etwas von dir gesehen hat, so dreckig, wie du warst.«

»Vielleicht bin ich heute ein Stück unsterblich geworden«, sagt Guido Buchwald, der Schütze des entscheidenden Tores für den neuen Deutschen Meister VfB Stuttgart. Im letzten Saisonspiel 1991/92 bei Bayer Leverkusen trifft er wenige Minuten vor Schluss per Kopf.

Buchwald-Porträt im »fußball magazin« (links) und als Titelheld der »Sport Bild« im Mai 1992

»6 Wochen ohne S… sind eine lange Zeit, das würden wir nicht aushalte…

(Die Aussage von Sylvia wird Ehemann Gu… gefreut haben.)

Frage an Guido Buchwald von Werner … aus 7218 Irslingen: **»Welches Parfüm benutzt du?«**

Antwort: **»Momentan Azzaro, aber variantenreich wie mein Spiel ist auch die Wahl meiner Duftwässerchen.«**

»Ich war überzeugt, wir gewinnen die EM. Aber am **schwersten** trägt man eben meist an dem, was man auf die leichte Schulter nimmt.«

»Ich habe 'ne Oberschenkelzerrung im linken Fuß.«

Variantenreich sind auch die Settings seiner Fotoshootings: Hier mit seiner schwangeren Frau Sylvia und Fahrrad im Juli 1985…

[illegible]utendorf Mitte [illegible]ger Jahre Trainer beim VfB [illegible]ist, muss er sich einmal vor dem [illegible]gericht wegen der »unverantwort-[illegible]hen und gefährlichen Fahrweise« verantworten. Zuerst soll Gutendorf vor Gericht die Frage nach seinem Gehalt beantworten. Diskret schiebt er dem Vorsitzenden einen Zettel zu. Der liest ihn und wirft ihn dann weg. Dennoch schreiben die Zeitungen anschließend von einer monatlichen Vergütung in Höhe von 5.000 DM. Der Hauptbelastungszeuge, der sich als Autofahrer von Gutendorf »verfolgt« gefühlt hat, muss sich vom Staatsanwalt »Ungereimtheiten« vorwerfen lassen. Nachdem er erst erklärt hatte, von Fußball keine Ahnung zu haben, identifiziert er daraufhin die Farben des Gutendorf'schen Wagens (rot-beige) als die des VfB, gibt zum Besten, er würde seinen Namensvetter Pfisterer in der Bundesligaelf des VfB aufstellen, und muss schließlich sogar zugeben, Mitglied des VfB-Lokalrivalen Stuttgarter Kickers zu sein. Dumm gelaufen irgendwie!

Rudi Gutendorf

Juli 1966: Rudi Gutendorf präsentiert die Neuzugänge Bo Larsson (links) und Gilbert Gress.

Thorsten Legat mit Werner Hansch auf der Buchmesse in Frankfurt (Oktober 2014)

»Wenn ich wüsste, welches System wir spielen, würden wir vielleicht sogar gewinnen.«

(Thorsten Legat)

»Der Paul Bocuse würde Ihnen auch nicht jedes Rezept für eine Soße rausgeben. Oder fragen Sie doch mal Coca-Cola nach der richtigen Mischung.«

(Christoph Daum auf die Frage, welche Tricks er auf Lager habe)

Fritz Walter

Stürmer Fritz Walter hatte im *»kicker«* erzählt, dass er hier und da ein wenig im Haushalt helfen würde. Als er am folgenden Tag in die Kabine kommt, empfangen ihn einige Mitspieler bereits mit der Frage: **»Na, Fritz, hast du denn auch schon die Spülmaschine ausgeräumt?«**

»Wir müssen uns in einen Erfolgsstrudel reinspielen.«

(Sven Ulreich)

»Es ist besser, mit einem STUHL als mit HANSI MÜLLER zu spielen. Denn bei einem Stuhl kommt der Ball wenigstens wieder zu dir zurück, wenn du ihn anschießt.«

(Evaristo Beccalossi über Hansi Müller)

»Ich habe zu Hause den Kühlschrank aufgemacht. **Und da saß er.** Der Mann, der aus der Kälte kam.«

(Christoph Daum über den Isländer Eyjólfur Sverrisson)

»Er ist unser Pilot. Wenn Stewardessen fliegen, wackelt es.«

(Stuttgarts Trainer Rolf Fringer war hörbar froh, dass »Pilot« Frank Verlaat nach vier Wochen Verletzungspause zurückkehrte.)

Frank spitzelt dem Dortmunder Heiko Herrlich (r.) den Ball vom Fuß

Beim VfB Stuttgart sprechen alle vom „magischen Dreieck" – von Bobic, Elber und Balakov. Doch der eigentliche Chef ist ein anderer: Kapitän Frank Verlaat (29). Der Holländer dirigiert auf dem Platz die Abwehr und gewinnt in der Liga die meisten Zweikämpfe . . .

Torjubel: Frank (l.) freut sich mit Torschütze Fredi Bobic

Frank fightet wie nie!

Verliebt wie am ersten Tag: Hansi Müller und seine Freundin Claudia im April 1982

Pinkel-Lehmann

»Das hat mich sehr an die Tour de France erinnert. Manchmal hat man eben keine andere Möglichkeit, auszutreten. Das hat er ganz geschickt gemacht. Er hätte ja schlecht in die Kabine gehen können …«

(Horst Heldt über den Torwart, der während eines Champions-League-Spiels hinter die Bande gepinkelt hatte)

»Lehmann sah hinterher sehr erleichtert aus …«

(Franz Beckenbauer zur Pinkel-Szene)

»Trotz Katheter – Lehmann hält Elfmeter.«

(Mario Basler bei einem Spiel nach der »Pinkel-Affäre«)

»Was da wirklich **LIEF**, bleibt mein Geheimnis!«

(Jens Lehmann)

DerWesten.de/sport

SPORT

»Jens Lehmann ist dabei, seine Karriere zu urinieren«

Arnd Zeigler in der WDR-Fernsehsendung „Zeiglers wunderbare Welt des Fußballs" über den Torhüter des VfB Stuttgart

Saison 1987/88: Deutschland hat einen neuen »blonden Engel«. Jürgen Klinsmann rettet seinen Gegenspieler Norbert Nachtweih beim 3:0 des VfB gegen die Bayern vor einer Roten Karte. Der Stuttgarter krümmt sich nach einem Zweikampf mit Nachtweih vor Schmerzen auf dem Rasen des Neckarstadions. Als er sieht, dass Schiedsrichter Pauly die Rote Karte zücken will, springt er auf, rennt zum Schiri und fleht diesen an, den Bayern-Spieler nicht zu bestrafen. Mit Erfolg. Dass es zu diesem Zeitpunkt bereits 2:0 steht und Klinsmann selbst mit einem Fallrückzieher ein **»Tor des Jahrzehnts«** geschossen hat, mag den Stuttgarter ein wenig in seinem Handeln unterstützt haben. Egal. Deutschland hat einen echten Sonnyboy dazugewonnen. Und darüber freut sich nicht nur der ebenfalls hellblonde Nachtweih. Der ist gar so glücklich, dass er verspricht, Champagner zu schicken, »falls Klinsmann denn weiß, was das überhaupt ist«!

Jürgen Klinsmann

Klinsmanns berühmtes Fallrückzieher-Tor gegen die Bayern im November 1987

Der junge Fritz Walter spielt 1983 noch in Mannheim und macht dort erstmals auf sich aufmerksam. Es ist jedoch nicht der bekannte Weltmeister von 1954, sondern ein junger Namensvetter. Dieser schießt Tore am Fließband und soll, der Legende nach, von Sepp Herberger höchstpersönlich entdeckt worden sein. Doch dabei handelt es sich wohl eher um ein Gerücht, das sich verselbstständigt hat, wie Walter selbst erzählt: »Ich habe den Herrn Herberger morgens ein paar Mal gesehen, als er Brötchen holte. Beim Fußball habe ich ihn nie gesehen!«

1992, nicht mehr ganz so jung, feiert Fritz Walter mit dem VfB die Meisterschaft.

In Stuttgart geht das JUNGTALENT GERHARD POSCHNER **während der Saison 1987/88 neben dem Fußball noch zur Schule – er will sein Abitur bestehen. Doch Poschner relativiert seine schulischen Leistungen ein wenig: »Ein typischer Gymnasiast bin ich nicht, mit intellektuellen Anwandlungen und so. Ich kenne gerade mal den Unterschied zwischen CDU und SPD!«**

»Ich bin inzwischen der beste Warmläufer der Bundesliga.«

(Dieter Hoeneß, nachdem er sich in drei Spielen hintereinander aufgewärmt hatte, ohne eingewechselt zu werden)

Dieter Hoeneß auf dem Cover des »kicker sportmagazins« vom 7. November 1977

Trainer Christoph Daum verlässt den VfB zur Winterpause der Saison 1993/94. Man verabredet, wie üblich, Stillschweigen. Zuerst versucht Manager Dieter Hoeneß auch, sich daran zu halten, doch dann bricht die Enttäuschung der letzten Monate aus ihm heraus, und er lässt kein gutes Haar am scheidenden Trainer: »Ich habe bisher wenig besser inszenierte Theaterstücke gesehen«, »Manchmal habe ich gedacht, ich wäre im falschen Film«, »Christoph Daum hat gesagt, er wolle keine verbrannte Erde hinterlassen. Aber er hat ganz schön gezündelt« – und als abschließender Höhepunkt des Rundumschlags: »Alle Trainer, mit denen ich bisher gesprochen habe, sind der Meinung, dass der VfB besser ist, als es der augenblickliche Tabellenstand aussagt.« Und was sagt Daum selbst, der von den Fans mit minutenlangen »Olé, super Christoph Daum«-Gesängen beim 4:0-Erfolg über den MSV Duisburg verabschiedet wird: »Ich trage ein Stückchen VfB in mir. Das waren Emotionen pur, wie beim Karneval in Köln!«

sportmagazin

kicker

aktuell · fachlich · kritisch

Daum bläst zur Jagd auf die Kölner

Mit fünf Sätzen die Spieler wachgerüttelt

Gaudino: Danach hatten wir eine Gänsehaut

VfB-Präsident: Dieser Trainer imponiert mir sehr

VfB 18 93

1. FC Köln

Werder Bremen hat schon 1055 Spiele Vorsprung

Ex-Spieler Jakobs wird Chefberater

Wohlers und der gewagte Kleinkrieg

Der »kicker« vom 22.11.1990

Leidenschaftlich wie immer: Christoph Daum kurz nach seinem Amtsantritt im November 1990

Lach- und Sachgeschichten mit Gerhard Mayer-Vorfelder

»Wenn du ein ganz anderes Frühstück bekommst, als du bestellt hast, dann merkst du, dass etwas nicht richtig verstanden wurde.«

(Über Verständigungsschwierigkeiten in Südkorea und Japan)

»Ich halte es für wichtig, dass die Verhandlungen mit Spielern künftig aus einer Hand geführt werden. Deshalb wird dem Karlheinz ein Jurist zur Seite gestellt.«

(Spitzfindig zu internen Prozessen beim VfB)

»Als das Sandmännchen um 15 Minuten verlegt wurde, ist ein Aufstand losgebrochen. Und wie beim Sandmännchen ist jetzt die ›ran‹-Sendezeit zur Schicksalsfrage der Nation geworden.«

»Ich könnte Ihnen schon empfehlen, meine Karriere einzuschlagen, wenn Sie in Kauf nehmen, ausgebuht zu werden.«

»Ende der 30er Jahre war die Ausländerpolitik im Fußball eine ganze andere. Damals spielten Kuzorra und Tibulski in der Nationalelf, polnische Einwandererkinder. So wird es wieder kommen, das müssen wir aktivieren.«

(Zur Nachwuchsproblematik im deutschen Fußball)

»Es darf nicht dazu kommen, dass die Torhüter nur noch 1,60 Meter groß sein dürfen, nur damit mehr Tore fallen.«

»Wenn der Erwartungshorizont abstürzt, dann fällt er auf den Hinterkopf.«

»Einmal ein Tor für Deutschland zu schießen, war immer mein Traum.«

Gerhard Mayer-Vorfelder im Jahr 1975

»MV ist, wie ich auch, im Sternzeichen Fisch geboren. Er bewegt sich problemlos in allen Süß- und Salzwassern. Außerdem schwimmt er immer oben.«

(Michel Platini)

»Mayer-Vorfelder hat sich noch nicht festgelegt – oder wie wir bei ihm sagen: **Er schwankt noch ein bisschen.**«

(Anke Engelke zur Völler-Nachfolge)

PRESSEMITTEILUNG DES VFB STUTTGART:

»Für das nächste Bundesliga-Heimspiel des VfB Stuttgart gegen Schalke 04 sind nur noch 1.500 teilweise **sichtbehinderte** Eintrittskarten in der Nähe des Baustellenbereiches erhältlich.«

»Ich glaube, das Team hat sich im Trainingsplan in der Spalte geirrt. **›Tag der offenen Tür‹** ist erst am Sonntag.«

(Ralf Rangnick nach einer hohen Niederlage)

»So viel Wärme freut mich natürlich, aber ich bin weder MARILYN MONROE **noch** SOPHIA LOREN.**«**

(Giovanni Trapattoni nach der Vorstellung als neuer Trainers der italienischen Nationalelf, dem der Enthusiasmus seiner Landsleute um seine Person zu viel wird)

> **Wenn wir gewinnen, spielen wir am Sonntag immer Fußball. Wenn wir verlieren, dann machen wir einen Waldlauf. Deshalb versuchen wir immer zu gewinnen.**
>
> *(Kevin Kuranyi unter Trainer Felix Magath)*

Die VfB-Profis Marco Haber, Gerhard Poschner und Fredi Bobic singen zusammen als **»Tragisches Dreieck«** ihren Song **»Steh auf. Eo Amama Eo«**. Fredi Bobic ist von den musikalischen Fähigkeiten der Combo echt überzeugt: »Wer das Lied gehört hat, findet es sicher nicht lächerlich. Es ist ein wirklich guter Song. Ab und zu sollte man Fußball Fußball sein lassen und einfach Spaß haben – und den hatten wir!« Und Team- und Musikerkollege Gerhard Poschner meint: »Ich wollte sein wie Hartmut Engler.« Bobic und Poschner betreiben in Sindelfingen übrigens zusammen auch eine Sportsbar mit dem Namen **»Freddy & Pos«**.

Auf die Frage des berühmten, ehemaligen FAZ-Fragebogens »Wie ist ihre gegenwärtige Geistesverfassung?« **antwortet VfB-Trainer Daum spirituell auf Wolke sieben:** »Ich empfinde eine aktive Gelöstheit!«

Weltmeister Joachim Löw 1997 während seiner Zeit als Stuttgarter Trainer

»Und wir bleiben unzufrieden hier.«

(Felix Magath zu Thomas Schaafs Statement: »Wir fahren zufrieden nach Hause« nach einem Bremer Sieg in Stuttgart)

»11 Freunde« vom Mai 2010

»Die Wahrnehmung des Menschen erfolgt über die Augen: Was man sieht, will man haben. Wenn ich 35.000 Mark verspreche, ist das eine abstrakte Summe. Profis müssen Geldscheine sehen. Ich bin sogar einen Schritt weiter gegangen: Woher kommt das Wort ›begreifen‹? Ein Kind lernt seine Umwelt kennen, indem es greift, anfasst, eben begreift. Ich habe also die Banknoten auf Pappe geklebt und die Spieler anfassen lassen. Da werden ganz andere körperliche Prozesse ausgelöst, als wenn ich nur sage: Jungs, es geht um 35 Mille.«

(Christoph Daum)

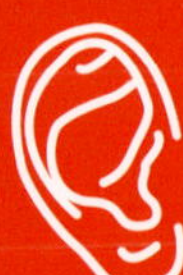

»Haben Sie dem mal ins linke Ohr geguckt? Da können Sie durchschauen.«

(Max Merkel über Rudi Gutendorf)

»Eher gelingt es, in der Wüste Fische zu züchten, als in der Champions League ein Tor gegen Jens Lehmann zu schießen.«

(»DNES«, tschechische Zeitung)

»Der erste Fisch heißt sicher Six!« Die Presse freut sich augenscheinlich auf den ersten Stuttgarter Neuzugang zur kommenden Saison. Auch später ist der Name für die Stuttgarter Medien ein gefundenes Fressen: ***»Keiner ist so fix wie Six«*** oder ***»Six war wieder nix!«***

(Die Presse über Didier Six)

Sammelbild von 1984

Mit 4:0 wird der FC St. Pauli vom VfB Stuttgart in der Saison 1989/90 heimgeschickt. Eine deftige Klatsche mit einer kuriosen Vorgeschichte. Weil Schiedsrichter Assenmacher meint, dass die weißen Hosen der Hamburger die Unterscheidbarkeit der beiden Teams für die Zuschauer an den Schwarz-Weiß-Geräten (!) erschweren würde, sollen sie zu ihren hellbraunen Trikots andere Buchsen anziehen. Die haben sie aber nicht dabei. Freundlicherweise stellt der VfB Stuttgart rote Hosen zur Verfügung. Optisch auf jeden Fall schon einmal äußerst gewagt. Doch was viel schlimmer ist: Es handelt sich um Kleidung für Jugendliche. Alle Hosen sind einige Nummern zu klein. VfB-Spieler Jürgen Hartmann amüsiert sich nach dem Spiel köstlich: »Vielleicht war das doch ein bisschen unbequem.« Die TV-Zuschauer sollen aber sehr zufrieden gewesen sein.

VfB-Keeper Eike Immel kassiert beim Spiel VfB Stuttgart gegen Hannover 96 (3:1) in der Saison 1987/88 **das dümmste Gegentor seiner Karriere**, wie er selbst erzählt: »Wir hatten das 2:0 gegen Hannover erzielt. Ich stand am Strafraum, schimpfte noch mit Abwehrspielern, weil es vorher brenzlige Situationen gegeben hatte. Und was macht der Reich? Er schießt den Ball direkt vom Anstoß weg in meinen Kasten. Ich hätte ihn sogar noch kriegen können, aber ich dachte, das Ding geht drüber.«

Stadionmagazin vom 10. August 1991

»Der Lehmann soll in die Muppet-Show gehen. Der Mann gehört auf die Couch. Vielleicht wird ihm da geholfen. Einweisen – am besten in die Geschlossene!«

(Tim Wiese)

»Um zu rennen und zu kämpfen, braucht man kein Abitur.«

(Christoph Daum)

»Mit dem Mundwerk größer als Pelé, Beckenbauer und Cruyff zusammen. Mit den Füßen eher Generalvertreter für Birkenstock-Sandalen.«

(Max Merkel über den Verteidiger Thomas Berthold)

So ganz daneben lag Max Merkel offensichtlich nicht, zumindest was die Vertretertätigkeit angeht. Statt Birkenstock macht Berthold Werbung für Bio-Kokosnussprodukte von Dr. Goerg.

Trainer Hermann Eppenhoff hat in Stuttgart keinen leichten Stand. Da passt es ins Bild, dass eine Zeitung während der Saison 1973/74 vermeldet, Eppenhoff habe einen Mercedes vom Verein geschenkt bekommen. Die Meute kocht. Und der Trainer will am liebsten alles hinschmeißen und »zurück nach Hause gehen«. Am Ende der Pressekonferenz überrascht Eppenhoff die Journalisten jedoch mit einer Extra-Portion schwarzen Humors: ***»Und stellen Sie sich vor, meine Herren, im Kofferraum lagen doch tatsächlich noch 40.000 Mark in bar!«*** Zu Eppenhoffs Erstaunen sollen allerdings nicht alle diesen bitteren Scherz verstanden haben.

Frage eines Journalisten:
»Welche Frage stellen Ihnen fremde Menschen am häufigsten?«
Antwort von Fritz Walter jun.:
»Sind Sie mit Fritz Walter verwandt?«

Fritz Walter und sein Sohn auf dem Fahrrad. Den Hinterreifen hätte er vorher ein wenig aufpumpen sollen …

Neuzugang Alexander Szatmári (von 1980 bis 1982 beim VfB) ist nach einem nervenaufreibenden 1:0-Sieg gegen Darmstadt sichtlich gezeichnet. Noch schwitzend sagt er: »James Bond ist ein Kinderspiel gegen die Bundesliga. Wo ist in Stuttgart eine Nervenklinik? Ich muss eine Woche dorthin gehen, um mich zu beruhigen!«

In der Saison **1980/81** spielt ein Türke groß auf: **Ilyas Tüfekçi**. Als er elf war, kam seine Familie nach Berlin. Nun ist er 20 und Stürmer beim VfB. Da schaut man vor allem in seiner alten Heimat besonders genau hin, wie der Deutschland-Korrespondent der Zeitung »Milliyet«, Gülhan Altinkaynak, berichtet: »Unsere Sportredaktion in Istanbul verlangt täglich Berichte über Ilyas. Ilyas ist anständig, trägt seine Nase nicht hoch und benimmt sich wie ein Gastarbeiter. Einige Türken, die in der Bundesrepublik aufgewachsen und Karriere gemacht haben, sind großkotzig geworden. Ilyas nicht. Vielleicht kann er helfen, Vorurteile abzubauen und uns Türken die Integration hier zu erleichtern.«

»Wundermann, geh du voran!«

(Fan-Plakat 1995, als Jürgen Sundermann kurzfristig als Trainer verpflichtet wurde)

Jürgen Sundermann 1981

»Mich hat der Schlag getroffen.«

(Der Debütant Steffen Dangelmayr, als sein Name in der Anfangsformation auftauchte)

»Er kam nicht ins Spiel und wurde dann immer schlechter.«

(Felix Magath zur Leistung seines Spielers Viorel Ganea)

»Ich bin es leid, gegen solche Mannschaften zu verlieren. Was will denn Schalke im UEFA-Cup?«

(Thomas Berthold nach einer Niederlage gegen Schalke. Schalke 04 gewann in der darauffolgenden Saison den besagten Pokal.)

»Wissen wir nicht. Wir leeren den Postkasten nicht mehr.«

(Arie Haan auf die Frage, ob der DFB schon einen »Blauen Brief« wegen der Lizenz geschickt habe)

»José Basualdo habe ich geopfert. Der Argentinier hatte geniale Dinge drauf, aber die waren oft so genial, dass die eigenen Mitspieler sie nicht ahnen konnten.«

(Christoph Daum)

Am 31. Spieltag der Saison 1977/78 in Stuttgart bei der Begegnung des VfB gegen Fortuna Düsseldorf streckt Hansi Müller den Schiedsrichter Klaus Ohmsen bei einem Spurt in der 51. Minute nieder. **Diagnose: Unterarmbruch.** Sofort ruft der Stadionsprecher nach einem »geprüften Schiedsrichter«. Damit die Partie allerdings nicht zu lange unterbrochen bleibt, leitet der bisherige Linienrichter Hans-Werner Leyding die Begegnung erst einmal weiter – mit Werner Lange an seiner Stelle. Doch das ist ein Problem: Denn Lange ist eigentlich Schiedsrichter, Heimatverein VfB Stuttgart. Als es endlich Kurt Senghas von den Zuschauerrängen runter auf den Rasen und an die Pfeife geschafft hat, atmet man beim DFB auf. In der Zwischenzeit hat sich am Ergebnis nichts geändert – und die Bundesliga ist um eine weitere Kuriosität reicher!

Übrigens: Das Pech verfolgt Ohmsen auch ein wenig später noch. Beim Betreten einer Sporthalle sackt der Schiri unvermittelt zusammen. Die unglaubliche Diagnose: Bänderriss an beiden Beinen!

Schiri Klaus Ohmsen bei einer anderen Partie des VfB: am 11.11.1978 in Bochum

»Van Buyten steht sieben Meter in der Luft, da kannst du nichts machen. Normalerweise geht da das Flutlicht aus.«

(Matthias Sammer)

Einige Spieler wissen zwar, wer im Film ›Star Trek‹ welche Rolle spielt, aber nicht, mit wem sie es im nächsten Spiel zu tun haben.

(Christoph Daum)

»An die fünf lebenswichtigen Bausteine in **nutella**.«

(Horst Heldt auf die Frage, woran er glaube)

»Entweder ich gehe links vorbei, oder ich gehe rechts vorbei.«

(Ludwig Kögl)

»Ich habe geguckt, wie man so eine Meisterschaft feiert. Ich wollte das mal wissen für später.«

(Felix Magath auf die Frage, warum er den Bayern bei der Feier mit der Meisterschale zugesehen habe)

Starschnitt
Jürgen Sundermann

kicker
sportmagazin
DEUTSCHLANDS GRÖSSTE SPORTZEITUNG
Sundermann: In Stuttgart hält mich nichts mehr!
Wie gut, daß ich gefeuert wurde!
Er ist wieder voll da!
Kopfbälle sind streng verboten
Köln stärker als Bayern!

Jürgen Sundermann hat vor der Saison 1979/80 überraschend den VfB Stuttgart verlassen und gesagt, dass es vor allem an der Familie gelegen habe. Als Sundermann eines Morgens mal wieder in Eile war und den Frühstückstisch gerade hastig verlassen wollte, habe sein zwölfjähriger Sohn Marc gesagt: »Ach, weißt du, Papa, mit dir kann man nichts mehr reden!« Für den VfB-Trainer sind diese Worte ein Schock: »Ich wusste mit einem Mal, dass da etwas ganz, ganz Entscheidendes aus dem Gleichgewicht geraten sein musste.« Er beschloss und verkündete seinen Rückzug in die Schweiz, um dort Trainer beim Grasshopper Club Zürich zu werden: »Warum habe ich denn geheiratet, wenn mir für meine Frau so gut wie keine Zeit bleibt? Warum habe ich denn Kinder, wenn ich kaum mitkriege, wie sie aufwachsen? Jetzt sind sie noch zehn und zwölf, bald werden sie erwachsen sein und aus dem Haus. Was habe ich dann von ihnen, was haben sie von mir gehabt? Nichts!«
Kurz vor Ende dieser Spielzeit kündigt Jürgen Sundermann schließlich genauso überraschend seine Rückkehr nach Stuttgart an. Er sei vom Schweizer Fußball enttäuscht, sagt er. Das nehmen ihm die Eidgenossen übel. Sie glauben, es ginge Sundermann und seiner Familie ohnehin nur um das »Schweizer Niederlassungsrecht«. Ein Schweizer Bürger: »Er soll nur nie wieder als Papierli-Schweizer in unser Land zurückkehren. Solche wankelmütigen Profiteure brauchen wir in der Schweiz nicht.«

Schwer verletzt, doch beim Besuch von Trainer Sundermann und Kapitän Ohlicher wieder guter Dinge: Die VfB-Youngster Kohnle (links) und Löw.

In Stuttgart hatten unterdessen große Teile des Teams ihren neuen Trainer Lothar Buchmann rausgemobbt. VfB-Verteidiger Bernd Martin sagt: »Fast alle waren gegen Buchmann! Nicht nur der Hansi.« Das Kuriose: Zum Zeitpunkt dieser Aussage steht der Coach noch jeden Tag mit der Mannschaft auf dem Platz. Das Verhältnis von Buchmann zu Hansi Müller ist da allerdings schon lange zerrüttet. Der Star des VfB hat sich dazu hinreißen lassen, Buchmanns Lieblingsfloskel »infrage gestellt« auf dessen Trainingsanzug zu schreiben. Für den Übungsleiter ist schnell klar, wer der Übeltäter ist: »Die Schrift stammt von einem Linkshänder, die Buchstaben hängen nach links.« **Der bekannteste und populärste Linksfuß der Bundesliga ist zu dieser Zeit: Hansi Müller!**

Nicht alle Spieler freuen sich allerdings auf Sundermanns Rückkehr. Nur wenige Monate zuvor hatte Schorsch Volkert beim Abschied des Trainers noch getönt: »Länger hätte ich mir meinen Kopf von ihm ohnehin nicht mehr unters Wasser tauchen lassen.« Nun heißt es für ihn und ein paar andere Akteure wohl: wieder abducken und Sauerstoffflaschen raus. Oder man hofft, dass am Ende doch alles ganz entspannt wird, so wie sich Sundermann selbst seinen Alltag am liebsten auch wünscht: »Wenn der Trainer Erfolg hat, kann er die Spieler im Training auch zwei Stunden lang nur Kopfstände machen lassen.«

Lothar Buchmann am 25. August 1979 beim DFB-Pokalspiel in Wolfsburg (3:0 für den VfB)

Karlheinz Förster

VfB-Vorstopper Karlheinz Förster feiert beim 3:3 am ersten Spieltag der Saison 1977/78 gegen Bayern München sein Bundesligadebüt: »Ich musste gegen den großen Gerd Müller ran, ging gleich kräftig auf ihn drauf. Da kam ein Steilpass, er streckte sein Hinterteil raus. Während ich zu Boden stürzte und ›Foul‹ schrie, machte er bum und Tor. Dann schoss Hoeneß an den Pfosten. Während ich noch schaute, hatte Müller schon geschaltet und den Ball über die Linie gedrückt.«

»Ich versuche über den Fünf-Meter-Raum hinauszudenken. Ich kann viele Sprachen: Englisch, Kölsch und Schwäbisch. Guts Nächtle, oder so.«

(Christoph Daum)

»Wenn ich jemanden von Image reden höre, denke ich unmittelbar an schöne Zitronen, die beim Öffnen komplett ohne Saft sind.«

(Giovanni Trapattoni)

»Ich möchte mich bei Gott bedanken, meiner Frau, meinem Kind, dem Trainer, der Mannschaft – **und dem Fernsehen.«**

(Jonathan Akpoborie)

»Die Spieler sind sehr groß. Und immer grätschen, grätschen, grätschen. Alle grätschen hier immer.« *(Adhemar über seine ersten Erfahrungen in Deutschland)*

»Wenn ich das Wort KRISE höre, krieg' ich die KRISE.« *(Manager Horst Heldt)*

Mit Stuttgarts **Jürgen Klinsmann** schießt erstmals ein Akteur fünf Tore in einem Auswärtsspiel. Beim 7:0-Sieg in der Spielzeit 1985/86 in Düsseldorf haut er Fortuna-Torhüter Schmadtke die Bälle zwischen der 36. und 78. Spielminute ins Netz – ein lupenreiner Hattrick ist dabei natürlich inklusive. Düsseldorfs Trainer Dieter Brei spricht hinterher ganz andächtig folgenden Satz: »Die Stuttgarter haben uns aufgekegelt.«

Für die ersten Lacher sorgt schon vor dem ersten Anstoß der Saison 1985/86 der neue Trainer des VfB Stuttgart. **Otto Baric** kommt aus Österreich nach Deutschland und wird von Journalisten gefragt, ob er denn auch Ahnung von der Bundesliga habe. Baric antwortet stolz: »Seit drei Jahren habe ich in Wien Kabelfernsehen. Ich kenne den deutschen Fußball von daher gut!«

Starschnitt
Robert Schlienz

»Der beste Mann auf dem Platz war der Einarmige. Was ich von dem gesehen habe, war für mich bis jetzt unvorstellbar.«

(Alfredo Di Stefano)

»Ohne Schlienz wäre der VfB nie Deutscher Meister geworden.«

(Das »Sport-Magazin« 1952 nach dem 3:2-Sieg im Finale um die Deutsche Meisterschaft gegen den 1. FC Saarbrücken)

»Wer Robert Schlienz nicht spielen sah, und das trifft auf die meisten zu, die heute ins Neckarstadion gehen, der hat, fußballerisch gesehen, das Pech der späten Geburt. Denn einen Nachfolger, der seine immense Bedeutung für die Mannschaft erreichte, hat er nicht gehabt. (…) Wir werden nie mehr einen Robert Schlienz erleben. Aber wir können alle von ihm lernen.«

»Er ist der Götz von Berlichingen des VfB gewesen, der Ritter mit der eisernen Faust. Und dies im wahrsten Sinne des Wortes. Denn er verlor den linken Arm im Frühling einer Karriere, die größer als die aller Mittelstürmer zu werden versprach. Und groß werden die Augen derer, die sich daran erinnern, wie gegnerische Strafräume zu aufgeschreckten Hennenställen wurden, wenn der Robert Maß nahm.«

(Hans Blickensdörfer, Autor und Fußballkenner)

»Wenn du beim Schlienz nicht marschiert bist, dann ist er über den Platz gerannt und hat dir in den HINTERN getreten.«

(Mannschaftskamerad Lothar Weise)

»Wenn es nur nach dem Glück des Tüchtigen gehen würde, dann dürfte ich nie ein Gegentor kassieren.«

(Torhüter Franz Wohlfahrt)

»Wenn ich sehe, wie wichtig ich genommen werde, dann könnte mir übel werden.«

(Christoph Daum)

Franz Wohlfahrt im September 1997 in Wolfsburg

Barmann Matthias in seiner Mailänder Stammkneipe

Matthias, Karin und Sarah

Mit 22 Jahren machte er dann den „schwierigsten Schritt" seines Lebens. Der Wechsel von Dresden nach Stuttgart. „Zum ersten Mal war ich allein, ohne Familie." Trotzdem: Matthias fand Anschluß. Und zwar als Untermieter bei Familie Rücker. Der „Ziehsohn" entwickelte sich prächtig: Er holte mit dem VfB die Deutsche Meisterschaft und heiratete Karin, die Tochter des Hauses. Bald darauf kam Nachwuchs – S&S, Sarah Sammer. So schnell kann's gehen …

Matthias: „Jetzt hatte ich wieder eine Familie. Deshalb war der Wechsel zu Inter schon einfacher." Aber nach gutem Start mit vier Toren in sechs Spielen, führte ihn ein Streit mit Trainer Bagnoli immer öfter auf die Tribüne. „Klar hatte ich Probleme, weil ich der einzige Deutsche im Team war und nicht richtig italienisch konnte. Aber es wäre einfacher für mich gewesen, in Mailand zu bleiben", sagt er heute. Aber Matthias wollte nicht auf der Ersatzbank abkassieren. Er ging. Ins Ruhrgebiet.

Und dann führte das Los im UEFA-Cup ausgerechnet den BVB mit Inter Mailand zusammen. Selten hat sich Matthias Sammer über eine Niederlage so geärgert. „Zieh' Dein Trikot aus", brüllte er nach dem 1:3 einen BVB-Fan an, der seine Stars beschimpft hatte. Da gab's dann nochmal S&S – Sammer stinksauer.

„ICH KANN IMMER NOCH KEINE KRAWATTE BINDEN. WENN'S SOWEIT IST, MUß DAS MEINE FRAU ÜBERNEHMEN."

MEIN CD-TIP

„The one thing" Michael Bolton

PREMIEREN

1. Spiel
Damals war ich gerade m… fünf Jahre alt. Ich war scho… bei Dynamo Dresden, di… Mannschaft hieß „Vierte Kir… der". Gegen welchen Geg… ner wir gespielt haben un… ob ich ein Tor geschosse… habe, weiß ich aber nich… mehr.

1. Länderspiel
Das liegt mittlerweile schon acht Jahre zurück. Damals, 1986, spielten wir mit der DDR-Nationalmannschaft gegen Frankreich. Das Spiel endete 0:0, ich wurde eingewechselt.

1. Bundesligaspiel
Dabei gewann ich im August 1990 mit dem VfB Stuttgart ausgerechnet bei meinem jetzigen Verein Dortmund 3:0. Ich kann mich noch erinnern, daß es überragend für uns lief. Alle drei Tore erzielte Fritz Walter.

Einer, der sich reinkniet

Komme…

„Sammer ist der ideale Fußballer … Kampfgeist. Wir haben keine Pr… muß mehr überlegen, was er sag… (Bundestrainer Berti Vogts)

Matthes ein Beduine? Christoph Daum sagte: Klar!

20 ■ kicker STARS 2

»Früher habe ich gerne Cola getrunken – heute sind meine Familie und mein Ehrgeiz meine Kraftquelle.«

(Stuttgarts Neuzugang Thomas Strunz etwas kryptisch)

»Dass mir die Spieler nicht zum Geburtstag gratulieren, ist der beste Beweis dafür, dass ich ein guter Trainer bin – sie können nicht meine Freunde sein.«

(Rudi Gutendorf)

Als es in Stuttgart nicht mehr so läuft, sagt Coach Jürgen Sundermann: **»Solange ich mir nicht jeden Abend eine Flasche Rotwein reinhauen muss, um einschlafen zu können, solange macht's noch Spaß, Trainer zu sein.«**

»Zur Entwicklung jedes normalen Menschen gehört es ja wohl, dass er eine Sturm-und-Drang-Phase hat. Da bin ich jetzt, na und?!«

(Christoph Daum im Oktober 1992, 39-jährig)

Thomas Kempe sieht die Kassenlage realistisch: »Im Grunde ist es so: 45 Minuten spiel ich für mich und meine Familie, die anderen 45 Minuten fürs Finanzamt!«

Einer, der den 1. FC Köln vor der Saison 1981/82 verlassen hat, sucht bei seinem neuen Verein lange nach seiner Form. Ausgerechnet beim 1:1 gegen seinen Ex-Klub gelingt dem Neu-Stuttgarter Dieter Müller nach über 500 Minuten endlich wieder ein Treffer. Vorher hat sein ehemaliger Kölner Mitspieler Gerd Strack noch getönt: **»Wenn der Müller gegen uns ein Tor macht, dann kaufe ich mir einen Strick!«** Gott sei Dank belässt es Strack bei seiner verbalen Unbeherrschtheit und hängt den Strick anschließend nicht tatsächlich unter die Decke!

ZZZ

Kurt Niedermayer ist ein Scherzkeks: »Je älter ich werde, desto ruhiger spiele ich. Vielleicht schlafe ich irgendwann im Spiel mal ein!«

Starschnitt

Jens Lehmann

2009/10: VfB-Keeper Jens Lehmann legt in seiner letzten Bundesligasaison die Messlatte für kommende Torwart-Generationen noch einmal sehr hoch. Mit einer Reihe von außergewöhnlichen Aktionen sorgt er in der Liga nicht nur für Schlagzeilen, sondern trägt maßgeblich zum Unterhaltungswert der Spielzeit bei. So steigt Lehmann dem Mainzer Bancé absichtlich auf die Füße, klaut am selben Tag einem FSV-Anhänger die Brille, schmeißt den Schuh des Hoffenheimers Salihovic hoch auf sein Tornetz, zeigt den Fans des VfL Wolfsburg den Stinkefinger, pinkelt während eines Champions-League-Spiels hinter eine Werbebande und legt sich zu guter Letzt auch noch mit einem Balljungen an. Der hat bei der 1:0-Niederlage der Stuttgarter in Hannover dem heranstürzenden VfB-Keeper die Kugel nicht wie erwartet in die Hände geworfen, sondern über den Kopf. Lehmann verliert daraufhin das Gleichgewicht und stolpert gegen die Bande.

Der Balljunge rechtfertigt sich anschließend schulterzuckend: »Ich habe nur meinen Job gemacht. Ich habe ihm den Ball hoch zugeworfen und er kam dann auf seinem Kopf runter. Lehmann hat mich dann gefragt: ›Was soll der

Scheiß?«« Der 40-jährige VfB-Torhüter will sich auch nach Spielschluss nicht beruhigen. Wütend steht er vor den TV-Kameras und sagt in die Mikrofone: »Wir machen Fehler, wir werden mit Fehlern von anderen Leuten konfrontiert. Die Balljungen spielen auf Zeit. Damit muss man in der Bundesliga leben. Am meisten hat mich heute die Kultur des Zeitspielens und des Betrügens gestört. Ich muss jetzt gehen. Ich muss nach Hause, meine Kinder gut erziehen, damit die sich korrekt verhalten!«

»Ab und zu schon, glaub ich. Kann ich mich jetzt nicht dran erinnern.«

(Jens Lehmann auf die Frage, ob Matthias Sammer seine Mannschaft wenigstens intern mal lobt)

Auch ein Novum in der Bundesliga:
Jens Lehmann fliegt gerne mit einem Helikopter nach dem Training nach Hause!

»Uns haben teilweise Zentimeter gefehlt, teilweise aber auch die Präzision.«

(Ralf Rangnick)

»Der Gegenspieler schmeißt sich in der Szene hin, als hätte er einen Goldbarren gefunden.«

(Matthias Sammer über einen seiner Ansicht nach unberechtigten Pfiff)

»Ich falle wohl wegen meiner langen Haare mehr auf. Der Jupp Heynckes konnte einem Ordner in den Hintern treten und bekam keine Anklage.«

(Winfried Schäfer über das DFB-Sportgericht)

»Was haben sich die Leute dafür zu interessieren, dass mein Lieblingsschriftsteller der Max Frisch ist, dass ich Bertolt Brecht sehr schätze, dass ich Tucholsky als sehr lehrreich empfinde? Soll ich mir einen intellektuellen Touch geben? Brauch' ich den? Wen interessiert es denn, dass ich derzeit anfange, junge, unbekannte Maler zu kaufen? Wer muss wissen, wie viel ich mit meinen Kindern bastle?«

(Christoph Daum)

»Ich werde sie **quälen**. Sie müssen mich **hassen**. Das stärkt die Willenskraft und die Kameradschaft.«

(Christoph Daum)

»Unsere Chancen stehen 70:50.«

(Thorsten Legat)

Vorne fallen die Tore.

(Jürgen Sundermann)

Dieser Mann ist in Stuttgart eine Legende: **der schöne Bruno.** Ein Show-Talent mit einem bewegten Leben und einem bekannten Bundesligastar als Sohn. Bruno Stickroth war Model (Mr. Baden-Württemberg und dreifacher Mr. Stuttgart), Frisör und Freund von Elvis Presley, Schauspieler und Sänger. In der Saison 2011/12 drehte der »schöne Bruno« für die »Stuttgarter Nachrichten« die Serie »Bruno sieht rot«. Dabei traf er auch auf VfB-Legenden wie Buffy Ettmayer. Sein Sohn ist übrigens der ehemalige Profi Thomas Stickroth. »Stickinho«, wie er wegen seiner berühmten »Übersteiger« genannt wurde, hat als Kind in der VfB-Jugend gespielt und gemeinsam mit dem späteren VfB-Trainer Bruno Labbadia in Amerika die Pepsi Cola Soccer School (O-Ton Bruno) besucht. Papa und VfB-Fan Bruno hätte es gerne gesehen, wenn sein Sohn auch einmal das Trikot mit dem Brustring in der ersten Liga übergestreift hätte. Doch das sollte leider nicht sein!

Beim VfB spielt in der Saison 1977/78 ein Mann groß auf, der erst 26 Jahre jung ist, aber schon ein bisschen älter aussieht. Vielleicht liegt es daran, dass Erwin Hadewicz eine Zeit bei den Bayern hinter sich hat, die alles andere als angenehm war: »Ich schleppte den größten Zeugkoffer, den ich jemals sah. Der Beckenbauer half auch mit – gelegentlich trug er das Arztköfferchen.« Hadewicz glaubt auch, eigene Fehler gemacht zu haben: »Ich war zu brav, ich hätte sein sollen wie Rummenigge. Rotzfrech.«

Erwin Hadewicz

Aber so ganz stimmt das mit dem »brav« eh nicht. Als ihn Gerd Müller in einem Trainingsspielchen als »Idiot« beschimpft, rastet Hadewicz aus: »Da sagte ich nur, leck mich, nahm den Ball und knallte ihn dem Gerd Müller aus drei Metern volley ins Kreuz.« Beim VfB hilft ihm diese Robustheit. Sein Trainer István Sztani macht ihn zwar zuerst nieder, als er wegen einer Verletzung schlecht spielt (»Du bist Opa, weich, isst zu viele Süßigkeiten«), doch das ändert sich schnell. Wegen anhaltender Schmerzen kommt Hadewicz ins Krankenhaus. Dort ruft ihn sein Trainer an und fragt, wie es ihm gehe. Der angesäuerte B-Nationalspieler entgegnet süffisant: »Danke, Trainer, gut. Ich wurde heute operiert. Der Arzt sagte mir, es war ein Leistenbruch und nicht die Süßigkeiten.«

Am 8. Februar 1986 schafft der Stuttgarter **Michael Nushöhr** einen ganz besonderen Bundesligarekord. Beim 7:0 gegen Hannover 96 verwandelt er als Erster überhaupt drei Elfmeter in einem Spiel. Nushöhr hinterher ganz aufgewühlt: **»Beim dritten wusste ich nicht mehr, wohin ich schießen sollte!«**

Christoph Daum krempelt den VfB Stuttgart um: »ICH BIN ÜBERZEUGT, DASS ES SO ETWAS WIE PSYCHO-DOPING GIBT.« Eine Kostprobe, was das genau bedeutet, liefert er vor der Partie gegen seinen Ex-Verein. Zu seinen Spielern: »DIE KÖLNER KOMMEN, UM EUCH DIE **KÖPFE** WEGZUTRETEN.«

»Es gibt nur einen Ball. Wenn der Gegner ihn hat, muss man sich fragen: Warum!? Ja, warum? Und was muss man tun? Ihn sich wiederholen! Fußball ist Ding, Dang, Dong. Es gibt nicht nur Ding.«

(Giovanni Trapattoni)

»Als Trainer arbeitslos zu sein, ist so wie Liebesentzug von deiner Frau.«

(Winfried Schäfer)

»Wenn sich einer beim Schuss aufs eigene Tor verletzt, fällt mir dazu nichts mehr ein.«

(Felix Magath über seinen Spieler Marco Gebhard, der sich bei einem Eigentor schwer verletzt hatte)

»Mein Schwein ist das Glückssymbol. Aber das hat überhaupt nichts mit meinem Charakter zu tun.«

(Otto Baric)

Nach Stuttgarts Auftaktniederlage in Bremen (5:1) in der Saison 1993/94 sagt Schiedsrichter Manfred Führer aus Steinhagen, er habe die VfB-Abwehr schnarchen gehört. Grund genug für den »kicker«, einmal bei den Ehefrauen der Verteidiger nachzuhören, ob sie denn nachts überhaupt schlafen können. Sylvia Buchwald: »Guido schnarcht nicht. Weder im Bett noch auf dem Platz. Da hat der Schiedsrichter wohl jemand anderen – vielleicht sogar sich selbst – gehört.« Heike Berthold: »Ich schlafe sehr gut, habe Thomas noch nie schnarchen gehört. Aber wenn Herr Führer so gute Ohren wie Augen hat, dann muss man ihm glauben ...« Und Doreen Kracht: »Ich weiß nicht, wen Schiedsrichter Führer gehört hat – Torsten war's sicher nicht. Vielleicht hat er die Aussage aber witzig gemeint, um von seinen eigenen Fehlern abzulenken.«

Guido Buchwald und seine Frau Silvia tun wenigstens so, als wenn sie zusammen kochen würden ...

Frage an Jürgen Sundermann von Anja Katrin W. aus 3160 Lehrte: »Gefällt Ihnen Mädchenfußball?« **Antwort:** »Wenn er von hübschen Mädchen gespielt wird, schon.«

Die Journalisten bemängelten Anfang der neunziger Jahre genervt, dass Jürgen Klinsmann immer noch keinen Anrufbeantworter habe. Auf die Frage, warum das denn so sei, hatte der sparsame Schwabe allerdings eine recht logische Antwort parat: **»Da müsste ich ja immer zurückrufen …«**

»In Kaiserslautern werden wir ausgeruhter sein. Das ist ein Abendspiel, da kann man sich am Nachmittag noch hinlegen.«

(Markus Babbel)

»Einer Schachfigur verspringt kein Ball, bloß weil sie schlecht geschlafen hat.«

(Felix Magath über Parallelen und Nicht-Parallelen von Schach und Fußball)

sere Leser von Felix Magath wissen wollten

So können wir Meister werden

Der HSV-Nationalspieler gibt sich betont zuversichtlich und glaubt, daß sein Klub stark genug ist, um schon in dieser Saison den Meistertitel zu holen. Klare Antworten auf viele Fragen

len, 7 Uhr Abendessen. Der Abend steht zur freien Verfügung.

Wie sind Sie zum Fußballspielen gekommen? (Ulrich Klemp, Essen)

Seit ich laufen konnte, habe ich Fußball gespielt. Was mich sicher motiviert hat, war die Tatsache, daß ich als Kind Nachbar von Ernst Kreuz gewesen bin und auch verschiedentlich mit ihm mittrainiert habe.

Wie, wann und wo hast Du Deine Frau kennengelernt? (Martina Hahn, Düsseldorf)

Am 30. September 1972 in Aschaffenburg, in einem Lokal. Jemand hatte Geburtstag, und ich wurde in die Gruppe eingeladen, in der meine Frau

Welcher Fußballer ist Ihr Vorbild? (Roland Laß, Hamburg)

Ein Vorbild habe ich eigentlich nie gehabt. Zur Zeit halte ich den Brasilianer Cerezo für den besten Fußballer.

»Danke für den Hinweis: Gruß an die Ostkurve«

Wir sind treue HSV-Fans und stehen immer mit einer ganz tollen Clique in der Ostkurve. Leider grüßen die HSV-Spieler immer nur in Richtung Haupt-, Südtribüne und Westkurve. Können Sie das nicht ändern? (Angela Umbach, Hamburg)

Ich werde meine Kollegen darauf hinweisen, daß sie auch zur Ostkurve grüßen

Ich würde meiner Frau oder Tochter nichts vorschreiben. Allerdings glaube ich schon, daß es für Frauen bessere Sportarten gibt als Fußball.

Starschnitt
Eike Immel

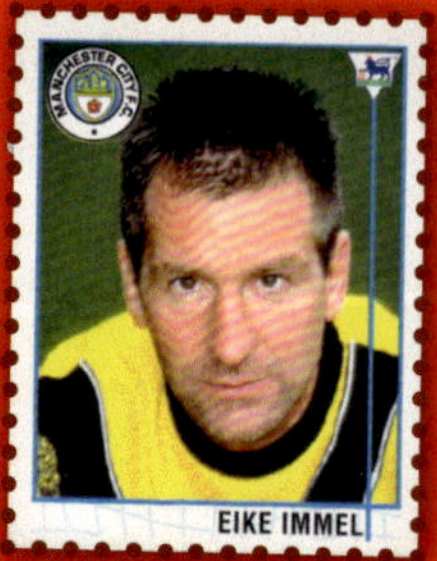

SA

AN EINEM SAMSTAG.

(Auf die Frage, wann er zum letzten Mal für Borussia Dortmund gespielt habe, bevor er zum VfB wechselte)

»Kickers Offenbach bot Mähdrescher für den fliegenden Bauernsohn Immel!«

(»Bild«)

Eike Immel liebt Autos. Er liebt sie sogar so sehr, dass er sich bereits als Siebzehnjähriger einen gebrauchten Mercedes zulegt. Da er aber noch keinen Führerschein hat, denkt sich Immel nichts weiter dabei, als er sein erstes Auto noch vor der ersten eigenen Nutzung bei seiner zweiten großen Leidenschaft, dem Kartenspiel, verzockt. Als dann endlich richtiges Geld in seinem Portemonnaie wuchert und der Führerschein auf dem Tisch liegt, stürmt er in ein Männerparadies in Unna, bezahlt den frisch erworbenen Mercedes bar und fährt ihn in seinem jugendlichen Übereifer erst einmal souverän zu Schrott.

Nachdem Torhüter Eike Immel einige Autos zu Bruch gefahren hatte, entscheidet er sich dazu, erst einmal ohne eigenes Gefährt zu bleiben. Als er sich eines Tages jedoch von einem Kumpel den Porsche leiht und diesen im Halteverbot parkt, muss er aus einem gegenüberliegenden Café leichenblass und regungslos mit ansehen, wie jemand mit Karacho seitlich in das edle Gefährt reinrauscht. Die zehn Mark Strafe für das Parken im Halteverbot sind anschließend für den Pechvogel unter den Autonarren das geringste Problem.

Schon als Kind soll Torwart Eike Immel auf dem elterlichen Hof den kostbaren Traktor der Familie in einen tiefen Graben gelenkt haben. Den Einsatz der Freiwilligen Feuerwehr mit schwerem Gerät und die Bewirtung der kompletten Mannschaft mit selbst hergestellten Kräuterdestillaten darf der kleine Immel noch Jahre später bei der Kartoffelernte abarbeiten. Seine fast magische Anziehungskraft auf die Gesetzeshüter versteht Immel aber bis heute nicht: »Ich finde das unheimlich. Wenn ich mit meinem Porsche die Straße herunterfahre und ein Streifenwagen kommt mir entgegen, dann kann ich schon sicher sein, dass er gleich umdreht und mir hinterherkommt.«

Der gleiche Friseur? Eike Immel mit Hund (1987) …

In den 1980er Jahren liefern sich die »Kobra« Jürgen Wegmann und der »Auto-Bruchpilot« Eike Immel lustige Duelle. Als Immel einmal dem nicht zu Späßen aufgelegten Stürmerstar vor dem Training seine Hose klaut, tickt Wegmann aus. Wütend fährt er, ohne ein Wort zu sagen, nach Hause und muss wegen des Trainingsschwänzens 2.000 Mark Geldstrafe zahlen. Über zwanzig Jahre später ist die »Kobra« noch immer nicht gut auf den ehemaligen Kollegen zu sprechen: »Heute würde ich ihm sagen: Behalt sie und verkauf sie doch auf dem Flohmarkt, du Idiot!«

»Bei solchen Anlässen kein Bier, das ist ja eine Katastrophe.«

(Manager Rolf Rüssmann im Presseraum des Daimlerstadions, nachdem die Stuttgarter den Klassenerhalt geschafft hatten)

»Das wird langsam ein positives traumatisches Erlebnis.«

(Präsident Manfred Haas nach vier Siegen in Folge)

»Das ist so, als wenn dir einer ein Messer in den Bauch rammt, und du musst noch dabei lächeln.«

(Christoph Daum zur Leistung des Schiedsrichters)

»Ich kann meine Frau nicht alleine lassen mit meinen Kindern. Die sind sehr temperamentvoll. Am Ende komme ich nach Hause, und meine Frau ist gestorben.«

(Giovanni Trapattoni)

»Ich will kein guter Verlierer sein. Nichts ist ärgerlicher als Niederlagen. Sie machen mich rasend.«

(Matthias Sammer)

»Es können ja nicht alle zu 100 Prozent auf den Trainer fliegen.«

(Winfried Schäfer zu »Schäfer-raus«-Rufen)

»Erst wenn der schwäbische Traum ausgeträumt, das letzte Spiel verlor'n und wir abgestiegen sind, werdet ihr merken, dass W.S. seinen Auftrag erfüllt hat. Von VfB-Fan Jochen G.«

»Wenn es nicht so bitter und grausam wäre, könnte man fast darüber lachen. Aber zum Lachen ist der Anlass zu grausam.«

(Ralf Rangnick nach einer Niederlage)

»Ich wurde dafür bezahlt, hier zu arbeiten. Nun werde ich dafür bezahlt, dass ich gehe.«

(Felix Magath nach einer Entlassung mit hoher Abfindung)

»Vorne nix, hinten nix, in der Mitte nix – raus gekommen ist gar nix.«

(Christoph Daum)

»Also, trainieren tun wir das nicht.«

(Jürgen Kramny zum bereits sechsten Eigentor seines VfB Stuttgart in der Saison 2015/16)

»Ich teile nur meine eigene Meinung.«

(Egon Coordes)

»Der Konjunktiv ist der Feind des Verlierers.«

(Jens Lehmann)

Stuttgarts **Meistertrainer Christoph Daum** ist nach einer langen Sommerpause schon wieder voller Tatendrang und gewohnt poetisch in seiner Wortwahl: »Die Zitrone hat im Sommer genug Zeit gehabt zu reifen. Jetzt ist wieder Presszeit!« Auf den Lorbeeren des Triumphs der letzten Spielzeit möchte sich Daum nicht ausruhen: »Ich meißele den Spielern ins Gehirn, dass wir uns nicht im Ruhm sonnen dürfen. Die Meute lauert doch nur darauf, dass wir abstürzen. Jeder will uns die Prämie klauen, unser Ansehen zerstören. Ich sage den Spielern: Dir nehmen sie deinen Mercedes weg, du musst wieder in eine Zweizimmerwohnung.« Und die Profis hören ihm zu, denn »Fußballer sind eine besondere Gattung Mensch: Ich nenne sie Homo fußballiensis. Sie reagieren nur auf Druck.«

»Den Arie Haan machen wir rund wie einen Käse und rollen ihn dann nach Holland zurück.«

(Christoph Daum, als er noch kein VfB-Trainer war)

»Ich bin froh, dass Halbzeitansprachen unter Ausschluss der Öffentlichkeit stattfinden. Sonst könnte das zahlreiche Beleidigungsklagen zur Folge haben, die ohne Probleme durchgehen würden. Ich kann nämlich nicht nur universitätsreif sprechen, sondern beherrsche auch eine Sprache, die sehr verletzend ist.«

(Christoph Daum)

»Ich weiß, wo ich hinschieße. Wo der Torwart hinläuft, ist mir egal.«

(Adhemar)

»Als Junggeselle finde ich das gar nicht schlecht. Da bekomme ich wenigstens was Warmes zu essen.«

(Abwehrspieler Rainer Zietsch über Trainingslager)

»Ich glaube, TRAINER SIND WIE FISCH. Wenn sie frisch sind, sind sie gut, aber nach einer Weile fangen sie an zu stinken.«

(Giovanni Trapattoni)

Die wachsende Arbeitslosigkeit wird in der Saison 1973/74 auch für die Vereine zunehmend ein Problem. Um mehr Besucher ins Stadion zu locken, baut man in der Bundesliga auf preisreduzierte Tickets. Im Spiel gegen Kickers Offenbach setzt der VfB Stuttgart die Eintrittspreise um ein Drittel herab. Mit Erfolg: 45.000 Zuschauer kommen ins Neckarstadion. Pech allerdings für die Besucher, die Tickets im Vorverkauf erworben haben. Sie müssen noch lange nach Spielschluss ihren Rabatt an den Kassenhäuschen zurückergattern.

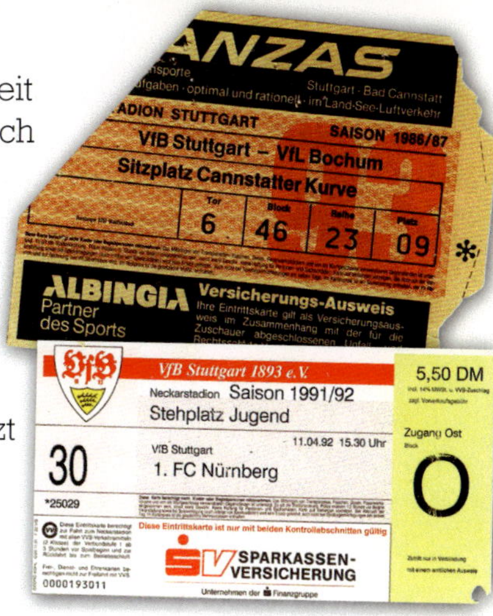

Klar kann man sich auch an den Ball gewöhnen. Wenn deine Frau drei- bis viermal in der Woche besoffen ist, gewöhnst du dich auch irgendwann daran.

(Khalid Boulahrouz zum Spielball der Saison 2010/11 »Torfabrik«)

»Geflügeltes Duo.«

(Thomas Herrmann über das Trainergespann Arie Haan und Willi Entenmann)

»Wir dürfen alles in den Mund nehmen – außer Alkohol.«

(Felix Magath)

Frage an Thomas Berthold von Silvia T. aus 5778 Meschede 1: ***»Hättest du Lust, mit anderen Fußballspielern einen Kinofilm zu drehen?«*** Antwort: ***»Toni Schumacher, Ditmar Jakobs, der Litti und ich in den ›Furchtlosen Vier‹, das könnte eine lustige Sache werden.«***

Eyjólfur Sverrisson findet die Bundesliga und auch Deutschland richtig klasse. Über 300 Erst- und Zweitligaspiele bestreitet er für den VfB Stuttgart und Hertha BSC. Doch an eine Sache kann sich der Isländer nie richtig gewöhnen. Trotz eines Überangebots an Supermärkten mit den erlesensten Waren aus aller Welt vermisst er voller Wehmut einen Luxus seiner Heimat: »Wenn ich in Island nach Hause kam und der Kühlschrank war leer, ging ich 100 Meter zum Meer und angelte. Eine halbe Stunde später waren die Fische schon auf dem Teller.«

Der VfB Stuttgart ist Deutscher Meister 1991/92, Präsident Gerhard Mayer-Vorfelder und Eyjólfur „Jolly" Sverrisson trinken im Flieger Brüderschaft.

»Eine schöne Kombination auf dem Fußballplatz ergibt sich nicht einfach so. **SCHÖNHEIT IST DIE ABWESENHEIT VON ZUFÄLLEN.**«

(Felix Magath)

»Wenn du nichts triffst, dann bist du überzeugt davon, dass du nichts triffst. Und dann triffst du wirklich nichts.«

(Christoph Daum)

»Es gibt **DICKE** Spieler, die es können, und DÜNNE, die es nicht können. **ETTMAYER** ist ein Spieler, der einfach spielen muss.«

(Tschik Cajkovski)

»Mit 30 kann man noch Gas geben und hat auch viel Erfahrung. **Man kennt die kürzeren Wege auf dem Platz.**«

(Cacau)

Gott und die Welt

Seine Mutter glaubte, er könne nicht Fußball spielen. Am Ende hat es Cacau zum deutschen Nationalspieler geschafft

Aus der »Süddeutschen Zeitung«

»In Frankfurt hat mir Stepanovic jeden Tag gesagt, was für ein schlechter Mensch ich sei. Aber das bin ich nicht – sonst hätte mich meine doch meine Frau nie geheiratet.«

(Axel Kruse in Stuttgart)

Starschnitt
Thorsten Legat

Thorsten Legat stand von 1995 bis 1999 beim VfB Stuttgart unter Vertrag. Und obwohl er in dieser Zeit nur auf 40 Einsätze kam, hat er trotzdem immer wieder für Aufsehen gesorgt. Seinen sehr individuellen Geschmack bewies er beispielsweise bei seiner Fahrzeugwahl: So fuhr er zu Stuttgarter Zeiten einen **lila** BMW M3 mit **weißen** Ledersitzen.

Ein Bundesligator erzielte er für den VfB leider nicht. Dass er aber hart und zielsicher schießen konnte, hat er trotzdem unter Beweis gestellt – allerdings auf sehr schmerzhafte Weise: Beim Warmmachen hat er seinen Mitspieler Fredi Bobic so abgeschossen, dass dieser noch vor dem Spiel vom Feld musste – auf einer Trage.

»Zum Beispiel nach dem DFB-Pokalsieg 1997 mit dem VfB Stuttgart: Was wir da hinterher alles gemacht haben, im Foyer und überall im Hotel! Wenn ich Ihnen das jetzt erzählen würde, Ihnen würden die Haare ausfallen! Und die Zähne!«

»Zum Glück habe ich nur eine Struktur.«
(Nach einem Verdacht auf Beinbruch)

»Es war toll, es war klasse, es war wie ein Albtraum.«
(Nach einem hohen Heimsieg)

Thorsten Legat im Fitnessstudio, wahrscheinlich nachdem er die Castroper Straße hochlief …

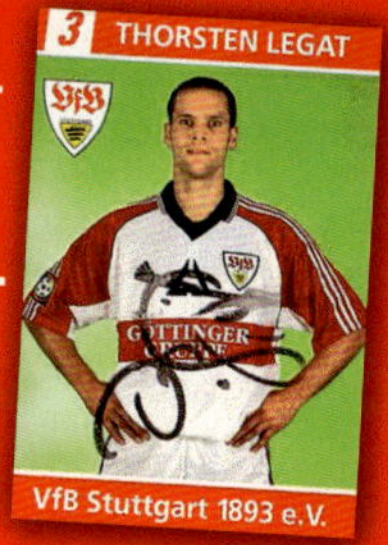

»Verstärken können die sich, aber nicht auf der rechten Seite. Da bin ich. Ich komme selber aus'm Pott. Mein Vater war auf der Hütte. Wenn ich wieder fit bin, zeig ich denen, wat malochen heißt.«

»Immer Castroper Straße rauf.«

(Im »Sportstudio« auf die Frage, wie er in jungen Jahren in Bochum zum Bodybuilding gekommen sei)

»Ich glaube nicht, dass der Verein mir Steine in den Vertrag legt.«

(Zu möglichen Wechselproblemen)

»Che Guevara war ein Rebell, ein Kämpfer für sein Land. Das will ich auch sein. Ich will den Schwachen helfen. Das ist im Fußball genauso, DA MUSS MAN DEN SCHWACHEN GEGNER AUCH AUFBAUEN. Das ist so eine eigene Logik von mir, dazu will ich gar nicht viel sagen.«

(Zu seiner Che-Guevara-Tätowierung)

»ICH HÄTTE AUCH WOANDERS INS AUSLAND GEHEN KÖNNEN.«

(Gibt seinen Wechsel nach Frankfurt bekannt.)

»Wenn das Klima in einer Mannschaft stimmt, dann kann man im Training 90 Minuten lang Kopfstände üben lassen, und sie sagen: tolle Sache. Wenn das Klima aber nicht stimmt, dann haben sie nach zwei Platzrunden schwere Füße.«

(Jürgen Sundermann)

»Dann geh ich halt auf die Felder, Kartoffeln aus dem Boden buddeln.«

(Trainer Albert Sing, als ein Journalist fragt, was er bei einem Rauswurf machen würde)

Christoph Daum beschreibt seine Rolle als Trainer so: »Auf der einen Seite muss man Fußballexperte sein, auf der anderen Psychologe und Pädagoge. Dann muss man ein Zauberer sein, der die Spieler bis zur Wundergläubigkeit führen kann, und man muss auch ein seelischer Mülleimer sein.«

»Bald haben wir nur noch Athleten, die sind 1,90 Meter groß, 1,50 Meter breit und wenn die über den Rasen grätschen, jubeln 40.000 wie bei einem Torschuss.«

(Buffy Ettmayer sieht düstere Wolken am Fußballhimmel aufsteigen.)

»Ein Bäcker kann nicht von dem Brot leben, das er gestern gebacken hat. Und ein Fußballer kann nicht von seinem letzten Spiel leben. Es geht immer um hier und jetzt.«

(Jürgen Klinsmann)

Bei einem Spiel der Stuttgarter in Karlsruhe pfeifen die Zuschauer HANSI MÜLLER nach zwei groben Fouls bei jeder Ballberührung aus. Als ihn in der 58. Minute an der Eckfahne auch noch ein Stein (Müller: »Rund und so groß wie ein Zweimark-Stück«) am Kopf trifft, hat der Nachwuchsstar endgültig genug: Ab sofort schickt er KARL ALLGÖWER in den Gefahrenherd zum Ausführen der Eckbälle. Ihm ist es schlicht zu riskant!

Die Lauterer erleben bei ihrer 5:0-Niederlage in Stuttgart (Saison 1984/85) ein richtiges Debakel. Doch wenigstens für einen Moment an diesem Tag können auch sie ein wenig schmunzeln. Als sich VfB-Stürmer Jürgen Klinsmann bei Schiedsrichter Wolf-Dieter Ahlenfelder beschwert, winkt dieser mürrisch ab: »Hören Sie auf. Es hat keinen Zweck, mit mir zu diskutieren. Ich bin heute schlecht aufgelegt!«

IN STUTTGART HERRSCHT NACH DEM TITELGEWINN 1984 AUSNAHMEZUSTAND. Es wird gefeiert, was das Zeug hält. Oberbürgermeister Manfred Rommel ist Präsident Gerhard Mayer-Vorfelder sehr dankbar: »Unter deiner Präsidentschaft stieg der VfB aus dem tiefen Tal zu lichten Höhen!« Man fällt sich in die Arme, prostet sich zu und wird ausgelassen. Nur einer hält wie immer die Stellung: Willi Schöttle, der Stadionordner des VfB, bewacht zum Leidwesen der Journalisten die Katakomben ganz genau. Längst haben sie ihm einen Spitznamen verpasst: der **»Bullenbeißer vom Betonbunker«**.

Gerhard Mayer-Vorfelder

Beamter als Präsident

Gerhard Mayer-Vorfelder hat viel Mut. Sonst wäre er 1975 nicht Präsident des VfB Stuttgart geworden, denn zu diesem Zeitpunkt krebsten die Kicker mit dem roten Brustring in der 2. Liga herum. Sie waren aus der Eliteklasse verstoßen worden. Der Schuldenberg drückte schwer. In dieser schwierigen Situation faßte Gerhard Mayer-Vorfelder, der Mann, der dem Verwaltungsrat des Klubs seit 1970 angehörte, sich ein Herz und übernahm die Führungsposition.

Großreinemachen

Als der direkte Wiederaufstieg nicht gelang, begann das Großreinemachen bei den Stuttgartern. Trainer Istvan Sztani und zehn Spieler mußten die Koffer packen, und von da an ging's bergauf. Bis zum Aufstieg in die Bundesliga und dem 4. Tabellenplatz in der ersten Saison.

Dazu klingelten die Kassen wie nie zuvor, so daß der Schuldenberg bei den Schwaben dahinschmolz wie der Schnee an der Sonne. Der Präsident hatte nicht nur die totale Pleite abgewendet, er konnte sogar dicke Prämien präsentieren. Seine Arbeit hatte überreichlich Früchte getragen.

Rechtswissenschaften

Gerhard Mayer-Vorfelder wurde am 3. März 1933 in Mannheim geboren. Er wuchs in Karlsruhe auf und mußte nach Waldshut umziehen, als der Bombenkrieg in den vierziger Jahren tobte.

Nach dem Abitur, das er 1952 ablegte, studierte Gerhard Mayer-Vorfelder Rechtswissenschaften in Freiburg und Heidelberg. Beim Landratsamt in Nürtingen begann dann die berufliche Karriere des jungen Regierungsrates.

Gerhard Mayer-Vorfelder

Staatssekretär

Der Beamte wechselte 1963 ins Innenministerium, und drei Jahre später übernahm er als persönlicher Referent des Ministerpräsidenten im Staatsministerium eine neue interessante Aufgabe. 1972 wurde Gerhard Mayer-Vorfelder zum Ministerialdirigenten und 1976 zum Staatssekretär im Staatsministerium Baden-Württemberg ernannt.

Einmal im Jahr fährt **Dieter Hoeneß** nach Freiburg, um seine Gehirnströme messen zu lassen. Professor Klümper soll sicherstellen, dass die vielen, vielen Kopfbälle, die Hoeneß in seinem Leben schon gemacht hat, seine geistige Vitalität nicht infrage stellen.

»Er war EIN BISSCHEN DRIN. Aber nicht mit einer halben Umdrehung, vielleicht mit einem Viertel. Aber ich kenn die Regeln nicht so genau. IST DAS TOR?«

(Horst Heldt über seine Rettungstat, als er einen Kopfball von der Linie kratzte)

»Der Akpoborie nimmt euch die Arbeitsplätze weg.«

(Gästetrainer Otto Rehhagel)

»Es herrschten extreme Witterungsbedingungen, bei denen ich Angst hatte, dass er erfriert.«

(Ralf Rangnick über Adhemar)

Zwei, die sich lieben: Albert Sing und Buffy Ettmayer

Albert Sing mit Branko Zebec beim Fingerhakeln

Coach Albert Sing ist schon lange im Geschäft, als er 1975 auf den Österreicher Buffy Ettmayer trifft. So war Sing bei der Weltmeisterschaft 1954 der Assistent von Bundestrainer Sepp Herberger. Eine seiner Aufgaben: Er wählte das Mannschaftsquartier am Thuner See aus, wo der berühmte »GEIST VON SPIEZ« geboren wurde.

Als Albert Sing zum VfB kommt, verordnet er seinen Schützlingen im Trainingslager in Origlio im Frühjahr 1975 eine Sing-Therapie. Allabendlich werden in der Schweiz Lieder geschmettert, bis sich die Balken biegen. Songs wie **»Horch, was kommt von draußen rein«** müssen die Profis unter Sings Kommando gemeinsam intonieren. Mit einem Dia-Projektor werden deutsches Liedgut und alte Fahrtenlieder an die Wand geworfen. Witzbolde sehen in den schrägen Tönen auch eine mögliche Form der Gegnerbekämpfung: Singend sollen sie in die Flucht geschlagen werden.

Und noch eine weitere Überraschung hat der neue VfB-Trainer in seinem Gepäck. Für die Stuttgarter Spieler liegen 20 Taschenmesser im Kofferraum bereit. **Ettmayer:** »Wir mussten Stöcke anspitzen und spachteln, das heißt, die Stöckchen so fest wie möglich in den Boden werfen. Nach zwei Tagen konnten wir prima spachteln, hatten aber keinen Ball gesehen!« Das ist das erste Mal, dass Sing mit seinem österreichischen Starspieler aneinanderstößt. Ab da geht es Schlag auf Schlag. Albert Sing: »Ich werde den Ettmayer jeden Tag herausfordern, ja ihn sogar beleidigen, wenn es zum Nutzen des VfB Stuttgart ist. Privat ist das was anderes. Wenn ich zum Beispiel mit einem Spieler ausgehen würde, wäre das nur der Ettmayer.« Antwort von Ettmayer: »Aber ich würde nicht mit ihm ausgehen!«

Zwischendurch vertragen sich die beiden öffentlichkeitswirksam wieder, doch schnell kracht es erneut. Ettmayer nach der Partie am 27. Spieltag bei Eintracht Braunschweig (6:0 für die Hausherren): »Das habe ich doch gleich gewusst! Schon vor dem Spiel habe ich zehn Mark verwettet, dass ich nicht die 90 Minuten durchspiele. Das ist doch alles Theater! In der Öffentlichkeit Bussi geben und hintenrum dann so etwas!« Sing nach dem Spiel: »Ich hätte früher auch gern mal gegen eine Mannschaft wie Stuttgart gespielt, die nicht deckt, sondern nur zuschaut!« Er wechselt Ettmayer zur Halbzeit, beim Stand von 4:0, aus.

Nach seinem Wechsel zum HSV sagt Buffy Ettmayer über seinen ehemaligen Trainer Albert Sing:

Ettmayer im Januar 1997

»Der wollte doch **der absolute King** sein, der große Retter. Wie damals vor acht Jahren. Aber die Zeiten haben sich geändert. Ich kann meinen Sohn heute auch nicht mehr wie vor acht Jahren erziehen. Weil Sing das nicht begriff, brachte er so viel Unruhe in die Truppe, wie es sie beim VfB seit Jahren noch nie gegeben hatte. Es gab bei uns kaum einen Spieler, mit dem Sing nicht aneckte. Na, es gab da ja mal ein Sprüchlein vom Merkel, der einmal sagte, dass der VfB den Sing holen müsse, wenn er unbedingt absteigen wolle.« Und was sagt Sing selbst? »Bei diesem Verein, wo ich mich mit bösartigen Kerlen in der Mannschaft und einem unfähigen Vorstand abquälen musste, habe ich fünf Jahre meines Lebens verloren.«

»Wenn der Kopf funktioniert, ist das wie ein drittes Bein.«

(Christoph Daum)

»Schlafen kann ich hervorragend. Aber das Aufwachen ist so fürchterlich.«

(Arie Haan im Abstiegskampf)

ZZZZZZ ZZZZZZ ZZZZZZ

Trotz Toilettengang keine Sekunde vom Spiel verpassen? Das geht seit der Saison 2010/11 im neuen Stuttgarter Stadion. Denn für die männlichen Fans sind auf den Klos Guckfenster eingebaut. Während der Verrichtung des kleinen Geschäfts erlauben diese den Blick hinaus aufs Spielfeld. Für so einen Einfall dürfen sich die Architekten auch ruhig einmal selbst feiern. Auf ihren T-Shirts bei der Eröffnung der Stuttgarter Arena steht: **»We have a grandios Stadion gebaut!«**

»Immer wenn ich die Kiste mal treffe, denke ich: UND WAS JETZT? Und dann laufe ich da so jämmerlich rum mit Gesten, die ich hinterher peinlich finde.«

(Thomas Hitzlsperger)

Thomas Hitzlsperger, Susanna (Wer auch immer das ist?!) und Andreas Hinkel 2005 bei einem Testspiel in Bad Aussee

»Adidas hat jetzt ein neues Modell rausgebracht. Das heißt Kuranyi, hat nur zwei linke Schuhe und ist schon im Preis reduziert.«

(Atze Schröder)

»Wenn der seinen Vertrag verlängert, wird da drinstehen, dass er ebenerdig wohnt.«

(Jürgen Sundermann über seinen Spieler Andreas Buck, nachdem dieser sich beim Treppensteigen eine Verletzung zugezogen hatte)

»Ich habe vorher gesagt, wenn ich heute kein Tor mache, nehm ich mir ein Taxi und komme nie wieder zurück.«

(Der Abwehrspieler Khalid Boulahrouz hatte erstmals seit sechseinhalb Jahren ein Bundesligator erzielt.)

»Wer Mozart hört, kann auch besser Fußball spielen. Man lernt viel über Spannungen, Tempo, Rhythmus, den Aufbau und die Strukturen. Man lernt die Logik, ein Spiel zu lesen.«

(Giovanni Trapattoni)

»Ich kenne wenig besser inszenierte Theaterstücke. Kompliment!«

(Manager Dieter Hoeneß zum Abschied von Daum beim VfB Stuttgart)

»Für MV, das ist ja bekannt, war wichtiger, dass das **Bier** kalt und der **Rotwein** trocken war.«

(Berti Vogts über den früheren DFB-Präsidenten)

»Ich brauche Spieler, die auf dem Platz die Rute rausholen.«

(Matthias Sammer)

»Schmerzen gibt es am Spieltag nicht. Krankenscheine erst nächste Woche.«

(Willi Entenmann)

Willi Entenmann

»Habe ich vor einigen Jahren auch gefahren.«

(Trainer Rolf Fringer auf die Frage, was er von Golf halte)

»Als er zur Welt kam, war er ein so hässliches Kind!«

(Mama Erika im Fernsehen über Axel Kruse)

Eigentlich bin ich der MATCHWINNER. Als ich vom Platz gegangen bin, lief es endlich gut bei uns.

(Adrian Knup)

»Es war ein DRECKIGER Sieg. Für das Tor musste man sich DRECKIG machen.«

(Fredi Bobic)

»Was ist der Unterschied zwischen der Bank von England und dem Fußballverein VfB Stuttgart? – **Stuttgart hat mehr ausländische Reserven.**«

(Die »Financial Times«, nachdem Trainer Daum im Spiel gegen Leeds einen Ausländer zu viel eingewechselt hatte)

»Wir haben uns zurückgebissen.«

(Michael Frontzeck)

Matthias Sammer und Michael Frontzeck, hier nicht ganz so bissig

In der Sommerpause zeigt sich **VfB-Trainer Christoph Daum** sehr optimistisch: »Wir haben im letzten Jahr viel erreicht. Aber die Meisterschale steht in der Vitrine, die Bilder kleben in den Fotoalben. Wir schlagen jetzt ein neues Kapitel auf. Noch sind da lauter leere Blätter. Aber wir werden darauf die Geschichte unserer Titelverteidigung schreiben.«

»Nach dem 1:3 gingen bei uns die Jalousien runter.«
(Jürgen Röber)

Das lässt sich Frank Verlaat nicht zweimal sagen. Nachdem ihn ein Journalist in einem Artikel als »Softie« bezeichnet hat, zeigt der Verteidiger dem Medienvertreter höchstpersönlich, was er von dieser Titulierung hält. Er reißt dem Journalisten die Brille von der Nase, schmeißt sie auf den Boden und trampelt auf ihr herum, bis nur noch einzelne kleine Stückchen übrig bleiben. Als er geht, fragt Verlaat mit einem Lächeln auf den Lippen: **»Softie? Echt?«**

Frank Verlaat im harten Zweikampf mit Roy Präger vom VfL Wolfsburg (Mai 1999)

Starschnitt Jürgen Klinsmann

»Das sind die Schüsse aus der zweiten Distanz.«

»Zu den **Bayern** möchte ich nicht wechseln, ich will lieber noch ein **richtiges anderes Land** kennenlernen.«

»Der Druck entlädt sich beim Torschuss – ein Wahnsinnsfeeling. So ähnlich wie beim Sex.«

»Das sind Gefühle, wo man schwer beschreiben kann.«

»In Monaco fühle ich mich wohl. Denn unter den vielen Prominenten hier, bin ich doch nur eine kleine Nuss.«

»Fairplay ist heute ein aggressives Wort geworden.«

»Der **Rizzitelli und ich** sind schon ein **tolles Trio**.«

(In seiner Zeit in München hat er sogar das Zählen ein wenig verlernt.)

»Ich habe keine Lust mehr auf Flughafen, Fußball und wieder Flughafen. Das brauche ich nicht mehr. Und ich benötige auch kein Geld mehr.«

Und das Ganze heute unter der Stabführung des Dozenten für Harmonielehre: Jürgen Klinsmann.

(Gerd Rubenbauer)

»Der Jürgen ist ein Weltmann. Er war ja immer ein Gegenpool zu mir.«

(Lothar Matthäus)

»Nee, das habe ich noch nicht gewusst. Ach du Scheiße!«

(Martha Klinsmann zur Verpflichtung ihres Sohnes als Trainer des FC Bayern)

11. April 1984: Jürgen Klinsmann unterzeichnet seinen Vertrag beim VfB Stuttgart, von links: Vorstandsmitglied Ulrich Schäfer, Klinsmann und Präsident Gerhard Mayer-Vorfelder.

»Wie die Heuschrecken sind die Spielervermittler eingefallen. Die verhageln uns die ganze Ernte.«

(Manager Rolf Rüssmann über das Interesse an den Nachwuchsspielern des VfB Stuttgart)

»Mann! Mehr Abseits geht nicht! Also ehrlich!«

(Christoph Daum zum Linienrichter)

»Manchmal löse ich ganz gerne ein Erdbeben aus.«

(Giovanni Trapattoni)

Der Neu-Stuttgarter **Matthias Sammer** hat immer noch Angst vor den Nachwirkungen der DDR: **»Bei unserer Meisterschaftsfeier 1989 musste ich Stasi-Boss Erich Mielke die Hand geben. Bis jetzt ist sie mir Gott sei Dank nicht abgefault!«**

»Matthias ist ein Rebell – sozusagen der James Dean im Fußball. Manchmal ist er zu hitzig und unkontrolliert.«

(Jupp Heynckes über Matthias Sammer)

»Ich hoffe, wir spielen weiter schlechten Fußball – und gewinnen.«

(Marcelo Bordon)

»Wer beständig am Titel knabbert, sagen wir mal so, wie der Biber am Baum knabbert, irgendwann fällt das Ding mal um, 'ne?!«

(Christoph Daum)

»Heutzutage gibt es keine elf Stammspieler mehr. Selbst beim FC Bayern sitzt da mal Kirsten auf der Bank.«

(Horst Heldt; allerdings spielte besagter Ulf Kirsten damals in Leverkusen)

Am 32. Spieltag der Saison 1986/87 schmeißt Trainer Egon Coordes in Frankfurt (3:1) die Nummerntafel für die Auswechselspieler auf den Fotografen Herbert Rudel. Seine Ausrede nach der Partie klingt abenteuerlich: **»Ich habe keinen Fotografen gesehen. Ich wollte nur probieren, wie der Wind steht!«** Warum er dann Rudel noch zugerufen hat: **»Nachher komm ich und hau dir auf die Fresse«**, konnte er allerdings nicht mehr so schlüssig erklären.

Präsentation der Neuzugänge des VfB zur Saison 1971/72, von links: Buffy Ettmayer, Egon Coordes, Zlatko Skoric, Gerd Komorowski, Karl Berger, Horst Köppel, Roland Mall und Wolfgang Frank

Es wäre falsch, wenn man einige Dinge auf der einen und nicht auf der anderen Seite betont. Denn so entstehen uniforme Ideen anstatt einer äquivalenten generellen Form. Also sage ich: Wir haben heute sehr gut gespielt.

(Giovanni Trapattoni)

TRAINER EGON COORDES **ist beim VfB Stuttgart nie** richtig angekommen. Nach der Saison 1986/87 ist Schluss bei den Schwaben. Vor allem mit den Medien hat der ehemalige Bayern-Co-Trainer so seine Probleme. Als ihn ein schwergewichtiger Journalist auf der Pressekonferenz fragt, ob es noch »was Sportliches« gebe, schaut sich Coordes den Mann genau an und antwortet dann mit einem hämischen Grinsen: **»Wenn ich Sie so sehe: nein!«**

»Meine Frau hat Schauspiel studiert, und ich setze an der Linie einige Dinge um, die ich bei ihr sehr, sehr gut finde.«

(Christoph Daum)

19. November 1991: Auf dem Herbstball des VfB tanzt Trainer Christoph Daum (rechts) mit Margit Mayer-Vorfelder, während Präsident Gerhard Mayer-Vorfelder Ursula Daum zum Tanz aufgefordert hat.

In den 1980er Jahren ist es gute Sitte, dass der Präsident die erste Seite im Vereinsmagazin mit einem Begrüßungswort füllt. Neben literarischen Höhenflügen gibt es dort dann stets auch subtile Beleidigungen zu lesen. Gerhard Mayer-Vorfelder entschließt sich vor dem Heimspiel gegen Waldhof für die zweite Variante: »Heute geht es gegen Mannheim, eine Mannschaft, der alles zu gelingen scheint. Nach dem Sieg der Waldhöfer im Olympiastadion gegen den FC Bayern München scheinen ihre Bäume in den Himmel zu wachsen. Einer zumindest, der Trainer Schlappner, glaubt allen Ernstes daran. Ich glaube, dass unsere Mannschaft stark genug ist, auch einmal den Gärtner zu spielen, der übersprießende Triebe zurückschneidet. Jedenfalls wünsche ich mir heute den VfB als Gärtnermeister, der die Waldhof-Buben mit einer großen Schere zurechtstutzt. Die Zeit ist reif dafür!«

Es klappt, mit 3:0 gewinnen die Stuttgarter!

Erst Samstagmorgen um zehn Uhr kommt der Stuttgarter Günther Schäfer bei seinem Team an. Er war bei der Militär-WM in den USA. Und er hat ein Problem: »Ich habe im Flugzeug kein Auge zumachen können, weil so viel Trubel war. Eine Schlaftablette wollte ich aber auch nicht nehmen, aus Angst, die würde erst auf dem Spielfeld wirken.« Die Medikamentenabstinenz hilft aber am Ende auch nichts: Ein schläfriger VfB verliert 0:3 bei der Eintracht!

Buffy Ettmayer bereut seinen Wechsel vom VfB zum HSV sehr schnell: **»Wenn ich in Stuttgart ins Flugzeug steige und daran denke, dass ich in Hamburg wieder raus muss, dann kriege ich immer Haarausfall.«** Vor allem die steife Brise in der Hansestadt kann er auch nach einigen Monaten immer noch nicht leiden. Und um seinen Freunden im Schwabenland zu veranschaulichen, wie schlimm das in Hamburg mit dem rauen Wind ist, versucht er es ihnen an einem Beispiel aus der alten Heimat zu erklären: **»Im Volksparkstadion muss ich den Ball quasi in der Cannstatter Kurve anschneiden, damit er in der Untertürkheimer herauskommt.«**

»Bis zur 80. Minute haben wir ein gutes Spiel gemacht, umso enttäuschender, dass wir am Ende mit **leeren Punkten** dastehen.«

(Michael Frontzeck)

»Solange georgelt wird, ist die Kirche nicht aus.«

(Gerhard Mayer-Vorfelder)

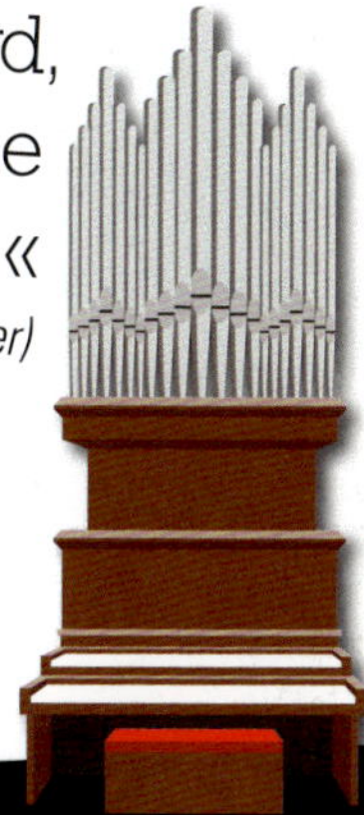

»Stiefel, Pech, Kleben – diese drei Worte sind im Dauereinsatz beim VfB Stuttgart.«

(Sport1-Kommentator Thomas Herrmann)

Kevin Großkreutz
@fischkreutz_KG
Folgen

Wir sind Freunde, aber bevor die Tradition haben, werden die aus GE Meister. Jetzt weißt Du wie realistisch das ist

Deswegen ist das etwas ganz Neues - von einem Traditionsverein zu kommen...

... zu einem Verein, der zu einem Traditionsverein wird.

RETWEETS 416
GEFÄLLT 1.190

»Jetzt holen wir halt aus den letzten zwei Spielen noch sieben Punkte.«

(Präsident Erwin Staudt)

»Er würde politisch auch gut mit Berti Vogts harmonieren. Beide sind so schwarz, dass sie in einem abgedunkelten Raum noch Schatten werfen.«

(Christoph Daum über Gerhard Mayer-Vorfelder)

»Wer hier ist, ist hier. Wer nicht hier ist, ist eine andere Sache woanders.«

(Giovanni Trapattoni)

»Wir werden zurückkommen, ich werde in der 2. Liga mehr Emotionen zeigen, als die Bayern bei der Meisterschaft! Bis bald in Liga 1 mit dem VfB.« *(Kevin Großkreutz bei Twitter)*

»Ganz ehrlich, Giovanni, du bist so gut, dafür verpasse ich gerne meinen Flug. Ich bleibe bis zur letzten Minute.«

(Der unter Zeitdruck stehende Hertha-Trainer Falko Götz zu seinem unterhaltsamen Kollegen Giovanni Trapattoni)

»Das war heute eine Mannschaft, die hatte eine Blutgruppe. **Und diese Blutgruppe lautete Sieg.**«

(Christoph Daum)

»Ich überlege, wie viele Tore ich geschossen hätte, wenn ich fit gewesen wäre.«

(Kevin Kuranyi nach seinen drei Toren gegen Österreich in Anspielung auf seinen Vereinstrainer Matthias Sammer, der ihn wegen angeblich mangelnder Fitness auf die Bank gesetzt hatte)

»Lang und ohne Schlafanzug.«

(Gerhard Poschner auf die Frage, wie er vor seiner Rückkehr in die Bundesliga geschlafen habe)

Starschnitt
Fritz Walter

Jörg Wontorra zu Jürgen Klinsmann: »Man sagt: Bevor Fritz Walter den Ball zu Ihnen spielt, lässt er lieber die Luft raus. Stimmt das?«

»Ha, auch Walter!«

(Auf die Frage, wie denn seine Frau heiße)

»Der Jürgen Klinsmann und ich, wir sind ein gutes Trio. (kurze Pause) **Ich meinte: ein Quartett.«**

»Die Sanitäter haben mir sofort eine Invasion gelegt.«

Das schönste Leserfoto

Als „Platz-Herren“ betätigen sich hier die Stuttgarter Bundesliga-Stars Fritz Walter (l.) und Maurizio Gaudino. Sie helfen bei der Rasenpflege. Alexander Roth aus Stuttgart hat das Foto mit dem Traktorfahrer Gaudino geschossen und kassiert nun ein Honorar von 100 Mark

»Wo isch mei Kanohn?«

(Vor der Ehrung als Torschützenkönig)

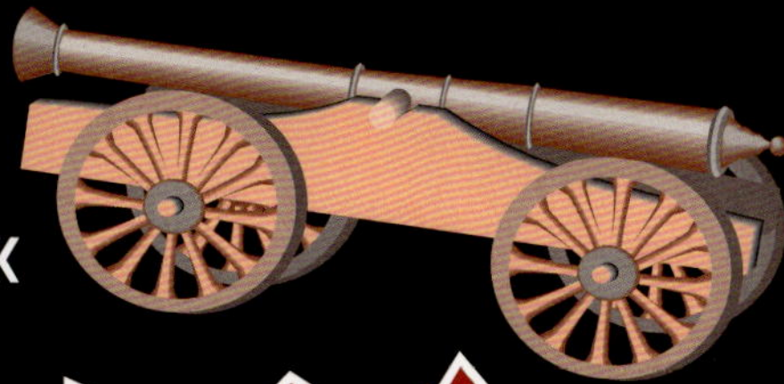

»Ich bin zuvorkommend, ja. Ich will im Strafraum allen zuvorkommen.«

»ICH LEBE IN EINEM STÄNDIGEN SCHWEBENDEN VERFAHREN – ZWISCHEN LOB UND TADEL.«

»Wenn sich der Ball ins Netz senkt, ist das für mich ein Wahnsinnsgefühl. Das sind Momente, da glaube ich, die Welt ist gut und schön.«

Der VfB Stuttgart ist Deutscher Meister 1991/92, der damalige Präsident Gerhard Mayer-Vorfelder setzt Fritz Walter die Meisterschale auf den Kopf.

Die beiden Förster-Brüder ganz privat

Ausschnitte aus dem Buch »Die Zwei aus Schwarzach«:

»Ihnen, sehr geehrter Geschäftsfreund, widmen wir dieses Buch in Anerkennung Ihrer partnerschaftlichen Tätigkeit für die Beliebtheit von Dinkelacker CD-Pils und Dinkelacker Privat!«

»Carmen und Petra: ›Die Spanier sehen nicht alles so verbissen.‹ Carmen – schwarzhaarig, zierlich – und Petra – blond, schlank –, das sind die Ehefrauen von Bernd und Karlheinz Förster. Obwohl Carmen kein spanisch spricht, ist das Südländische ihr Leib und Blut. Temperamentvoll reagiert sie, wenn es um die eigenen Angelegenheiten geht, ihren Mann verwöhnt sie mit spanischer Kost, führt ihren Bernd gern auch in das Spezialitäten-Restaurant ihres Vaters, das er jetzt in Mannheim Neu-Ostheim besitzt, pflegt die Kontakte zu ihrem Elternhaus, zu Bruder Carlo und Schwester Jasmin, kümmert sich liebevoll um das Haus, wird kribbelig, wenn Unordnung herrscht.«

»Die deutsche Mannschaft spielt, wie von Bundestrainer Jupp Derwall angekündigt, mit Karl-Heinz Vorstopper als Förster.«

(Klaus Schwarze)

Der neue Bundesliga-Geheimtip VfB Stuttgart

Der Weggang seines Nationalstoppers Karlheinz Förster hat den VfB Stuttgart zur Umkehr gezwungen: Mit vielen Neuen soll auch eine neue Ära eingeleitet werden. Kennern erscheint das Team stark genug, auch ohne Förster erfolgreich zum Schuß zu kommen, wenn es um die Punkte geht

Ohne Förster durch den Wald

Petra Förster, die Frau von Karlheinz, findet die Gattinnen der Mannheimer Spieler etwas sonderbar: »Ich glaube, das sind die wildesten Spielerfrauen der Bundesliga. Die schreien, knuffen, pfeifen, hopsen herum, schreien ihren Männern von der Tribüne Anweisungen zu. Und nach dem Spiel stehen sie auf und gehen auseinander, als wäre nichts gewesen. Was haben die bloß davon?«

Papa Förster an seine Jungs: »Während ich diese Zeilen für Euer Buch schreibe, Mutter verlangt ständig, dass ich laut vorlese, denke ich gerne an Euren Werdegang zurück. Als Buben begleitet Ihr mich zu jedem Spiel, Euch machte kein Wetter etwas aus, man konnte es sich gar nicht vorstellen, dass ich ohne Euch auftauche. Wahrscheinlich könnt Ihr Euch gar nicht vorstellen, was es heißt, mit all dem zu leben. Mutter hatte lange gebraucht, bis sie es verarbeitet hatte, dass Ihr wegen des Fußballs das Haus verlassen hattet. Sie hat es nach außen nie gezeigt. Besonders als Karlheinz ging, war sie sehr traurig. Jetzt sagt sie, sie habe Mitleid mit Euch gehabt, Ihr seid so jung gewesen, sie konnte Euch kein Heim mehr geben, wie es die anderen Jungen im Ort besaßen.«

Karlheinz mit Ehefrau Petra während der WM 1986 in Mexiko

»Als Trainer muss dein Koffer immer gepackt sein.«

(Zvonimir Soldo)

Autogrammkarte der Saison 1996/97

Autogrammkarte von der kroatischen Nationalmannschaft

»Das, was wir unseren Spielern bieten können, ist schon so, dass sie davon ein-, zweimal am Tag warm essen können!«

(VfB-Trainer Felix Magath in Sat.1)

»Tut's mir die Schale schön putzen, denn im nächsten Jahr wird sie wahrscheinlich wieder nach München gehen.«

(Franz Beckenbauer im »DSF-Doppelpass« zu seinem Stuttgarter Präsidenten-Kollegen Erwin Staudt)

»Wenn ich mit dem Druck nicht umgehen könnte, würde ich als Lokführer arbeiten.«

(Stuttgarts Trainer Giovanni Trapattoni nach dem Pokalaus in Rostock)

»Mario hat eine sehr gute Erziehung. Bei dem anderen weiß ich das nicht.«

(Trainer Armin Veh zu einem Streit zwischen Mario Gomez und Maik Franz)

1980 wollen die beiden Förster-Brüder einmal besonders schlau sein. In einem UEFA-Cup-Spiel zwischen Stuttgart und dem 1. FC Köln versuchen sie ein wenig zu schummeln, denn der Trick liegt nahe. Schließlich hat Karlheinz Förster schon Gelb gesehen und droht vom Platz gestellt zu werden. Also läuft sein äußerlich sehr ähnlich aussehender jüngerer Bruder Bernd zum Schiedsrichter und gibt ein Foul zu, das nicht er, sondern sein Bruder im Trikot des VfB Stuttgart begangen hat. Der Schwede Jonas Eriksson freut sich über so viel vermeintliche Ehrlichkeit und zeigt Bernd Förster die Gelbe Karte. Die Karten bleiben so zwar in der Familie, aber Karlheinz, der nicht Rot sieht, darf weiterspielen. Gutes Verständnis unter Geschwistern zahlt sich aber nicht immer aus. Besonders dann nicht, wenn man damit prahlt: Bernd Förster gibt seinen Trick mit der Gelben Karte im UEFA-Cup-Spiel wenige Tage später in einer Fernsehsendung zu. Sein Bruder Karlheinz und er werden daraufhin für drei Spiele gesperrt. Und eine weitere Strafe folgt auf dem Fuße: Der 1. FC Köln gewinnt im Rückspiel und kommt eine Runde weiter.

»Ich bin sicher, überall haben sie Probleme. Ich lege meine Hand ins Feuer: Bumm, bumm, bumm.«

(Giovanni Trapattoni)

»Ich lasse die Spieler mitarbeiten und mitdenken. Einmal im Trainingslager habe ich meinen Spielern Papier und Bleistift gegeben und gesagt: Jetzt macht euch mal Gedanken darüber, wie ich eine Abseitsfalle aushebeln kann.«

(Winfried Schäfer)

»Niemanden.«

(Matthias Sammer auf die Frage, wen er gerne kennenlernen würde)

»Ich habe einmal drei Spieler auf einen Schlag ausgewechselt. Das wurde mir anschließend als Völkerwanderung ausgelegt.«

(Ralf Rangnick auf die Frage, warum er nur zwei statt drei Profis in der Halbzeit neu ins Spiel gebracht habe)

Ralf Rangnick während des Trainingslagers 1997.

Ralf Rangnick jubelt nach dem Gewinn der Deutschen Meisterschaft mit Stuttgarts U19. Am 30. Juni 1991 gewann der VfB gegen den 1. FC Kaiserslautern 4:1.

»Wenn ich als 48-Jähriger noch mithalten kann beim Konditionstraining, dann kann ich das auch von meinen Spielern verlangen.«

(Felix Magath über seine Schleifer-Methoden)

»Ob Rotationsprinzip oder Detonationsprinzip: Hauptsache wir gewinnen!«

(Christoph Daum)

»Wir wussten, dass Bochum mit dem neuen Trainer ganz anders auftritt – mit Ruhrpott-Mentalität und Kampf um jeden Grashalm.«

(Alexander Strehmel)

»Ich weiß nicht, ob ich Intelligenz mag, ganz ehrlich. Zu klug zu sein, ist auch nicht gut. Die, die zu klug sind, verwandeln auch auf dem Spielfeld ziemlich klare Sachen in eine sehr komplizierte Angelegenheit.«

(Otto Baric)

Die Taktik sollte klar sein … Otto Baric erklärt sie seiner Mannschaft.

Starschnitt Cacau

Jeronimo Claudemir Barreto, besser bekannt unter seinem Namen Cacau, verriet zu seiner Zeit beim 1. FC Nürnberg ein Geheimnis, das er lange Zeit lieber für sich behalten hatte, aus Angst, seine Mannschaftskameraden würden ihn auslachen. Aus diesem Grund hatte er sein ganz spezielles Ritual auch immer alleine und versteckt auf der Toilette vollzogen. Vor jedem Spiel rieb Cacau frisch gemahlenen Pfeffer auf seine eingecremten Füße. Verlegen erzählte der Brasilianer: »Ein Rezept meiner Mutter. So bleiben meine Füße warm, und ich behalte im kalten deutschen Winter mein Ballgefühl.«

Autogrammkarte der Saison 2011/12

Als Cacau seinen Einbürgerungstest vorbereitete, murmelte er in der Kabine immer wieder die Namen der deutschen Bundeskanzler vor sich hin. Die Mitspieler verstanden nur »Helmut« und lachten. Ein paar Tage später wurde Cacau von seinen Kameraden nur noch »Helmut« gerufen.

Eine Sonderkarte, die vom VfB Stuttgart herausgegeben wurde

»Ich weiß, dass du sehr gläubig bist. Und wie Gott hinter dir steht, so stehe auch ich hinter dir. Ich vertraue dir.«

(Trainer Matthias Sammer zu Cacau)

Sammelbild zur EM 2012

»Cacau gibt immer alles. Er läuft oft falsch, aber er läuft.«

(Felix Magath)

Ein Kinderbuch über Andy Latte und seine Freunde in der D-Jugend des SV Klosterberg

»Der Deutsche in mir ist größer als der Brasilianer.«

Erfolgreiche Zeiten beim VfB: Cacau und Serdar Tasci im Sommer 2007 mit der Meisterschale

»Wir sind im Dreck und müssen uns jetzt da heraussuhlen.«

(Fredi Bobic)

»Ich danke jeden Abend in meinem Nachtgebet, dass ***Matthias Sammer*** bei uns auf der Bank sitzt und nicht ***Jürgen Kohler***.«

(Präsident Erwin Staudt)

»Die Stadt wird alles für den VfB Stuttgart tun. Vorausgesetzt, es kostet kein Geld.«

(Oberbürgermeister Manfred Rommel)

Autogrammkarte der Saison 2004/05

»Glaubst du, im Abstiegskampf kannst du mit diesen Pantinen gewinnen?«

(Frage von Manager Rolf Rüssmann an einen Stuttgarter Spieler, der Noppenschuhe anzog)

Match-Attax-Sammelkarte der Saison 2015/16

»Den konnte er nicht reinmachen. Der war noch so mit **Küsschen-Küsschen-Verteilen** beschäftigt vom 2:2, dass der Fokus halt nicht auf dem 3:2 war.«

(VfB-Trainer Alexander Zorniger nach dem 2:2 in Hoffenheim über Timo Werner, der in der 90. Minute das 2:2 erzielt, danach aber noch eine Großchance liegengelassen hatte)

Auch das ist der VfB, auch das ist Schwaben-Mentalität: ausgangs des Ehrengastraums im Neckarstadion ein Spendenteller, wo VIP's ihre Butterbrezeln bezahlen sollen.

19. November 2009: Jens Lehmann posiert mit einem Pferd anlässlich des Weihnachtsmarkts auf Gut Aiderbichl.

»Christoph Daum ernährt sich fast ausschließlich von Makkaroni – weil er so beim Essen ungestört durch die Löcher weiterreden kann.«

(Max Merkel)

»Dass die **ZÄHNE** langsam lockerer werden, könnte auch am **ALTER** liegen.«

(Hans-Joachim Watzke über Lehmann, der nach einem Ellenbogenschlag von Neven Subotic um seine Zähne fürchtete)

»Die Tabelle, die ja nie lügt, täuscht ja oft.«

(Felix Magath)

Vor dem Spiel am 13. Spieltag der Saison 1986/87 zu Hause gegen den SV Werder Bremen verteilen die Profis des VfB Stuttgart rund um das Neckarstadion knapp 500 Flugblätter und demonstrieren so für ihren Verein und ihren Trainer Egon Coordes. Nach dem 4:0-Heimsieg herrscht erst einmal wieder eitel Sonnenschein.

Stadionmagazin zum Spiel gegen den SVW in der Saison 1992/93

»Der Ball ist nicht immer rund – manchmal befindet sich in ihm ein Hase.«

(Giovanni Trapattoni)

Winnie Schäfer und der VfB

Irgendetwas werden sich die Verantwortlichen des **VfB Stuttgart** schon dabei gedacht haben, ausgerechnet den langjährigen Trainer des lokalen Konkurrenten zu verpflichten. Nur was genau, das bleibt die Frage. Denn mit Winnie Schäfer vom Karlsruher SC kommt ein Coach nach **Stuttgart**, der verhasster bei den eigenen **VfB**-Anhängern fast nicht sein könnte. Neben der lokalen Rivalität spielen bei Schäfer auch noch einige kritische Äußerungen gegenüber dem **VfB** und seinen Angestellten eine nicht zu unterschätzende Rolle. Im Januar 1990 meinte Schäfer: »Wenn **VfB**-Präsident Mayer-Vorfelder um Mercedes buhlt, muss ich darauf hinweisen, dass unsere Mannschaft viel mehr Potenzial hat und Daimler-Benz besser fahren würde, mit uns einen Sponsoren-Vertrag abzuschließen.« Und auch den ehemaligen **VfB**-Trainer Christoph Daum ist KSC-Coach Schäfer gerne verbal angegangen: »Christoph Daum hat mal gesagt, der Karlsruher SC sei wie ein Hund, der zwischendurch mal mit dem Schwanz wedelt. Warum hat er uns dann nicht als Blindenhund mit nach Leeds genommen?« Man muss wissen: Leeds ist eine der größten Wunden in der jüngeren Geschichte des **VfB**. Damals schied der **VfB** aus der Champions League aus, weil Christoph Daum einen Ausländer zu viel einwechselte.

»Er kam zu mir und sagte: TRAINER, ICH NUMMER 10, ICH NIX DECKEN!«

(Über Krassimir Balakov)

»Wenn ich im Fernsehen sehe, wie er an der Linie herumrennt und herumhüpft, wenn der KSC ein Tor geschossen hat, dann erschrecke ich.«

(Angelika Schäfer)

»Das Einzige, was jetzt klar ist, ist, dass es draußen jetzt dunkel ist.«

»Du musst denen immer wieder zeigen, dass es nur über Maloche geht. Das zu erreichen, das Umdenken im Kopf herbeizuführen, war das Härteste. Deshalb turne ich immer noch an der Seitenlinie rum. Das ist vor allem ein Signal an die Leute.«

»Man kann nicht zwölf Jahre gegen einen Verein kämpfen, weil es die lokalen Konkurrenten sind, und dann erwarten, dass man mit offenen Armen empfangen wird. Als ich nachts deine Mama anrief, um ihr zu sagen, dass ich unterschreibe, sagte sie mir, dass ich das bereuen werde. Und sie hatte recht.«

(In einem Interview der »Bild«, das seine Tochter im Jahr 2012 mit ihm führte)

Zeigten sich von der Verpflichtung Schäfers nicht gerade begeistert: die Fans vom VfB.

1. März 1992: Matthias Sammer mit Freundin Karin und der gemeinsamen Tochter.

»Ein Säugling kann auch keinen Mercedes fahren.«

(Matthias Sammer über den verstärkten Einsatz von Regionalliga-Spielern)

»Ohne meinen Kopf würde ich in der Verbandsliga spielen.«

(Martin Spanring)

»Es wird nicht ganz zur Routine, weil ich ja mittlerweile auch die Mütter gewechselt habe!«

(Felix Magath auf die Frage, ob Geburten ab dem fünften Kind schon zur Routine werden)

»Vielleicht bin ich der Lautsprecher der Liga. Aber ich sage allen, die an irgendwelchen Knöpfen zu drehen versuchen: Ich schalte mich selber an – oder auch nicht.«

(Christoph Daum)

»Die Spieler lagen sich in den Armen, haben geschunkelt und lustige Lieder gesungen.«

(Ralf Rangnick auf die Frage, wie die Stimmung nach der Niederlage sei)

»Es könnte ja Aua machen, es könnte ja einer mit Watte werfen. Wenn er Angst hat, soll er sich hinter die Mauer stellen.«

(Ralf Rangnick über das Abwehrverhalten von Verteidiger Thomas Schneider bei einem Freistoßtor)

Thomas Schneider im Oktober 1999

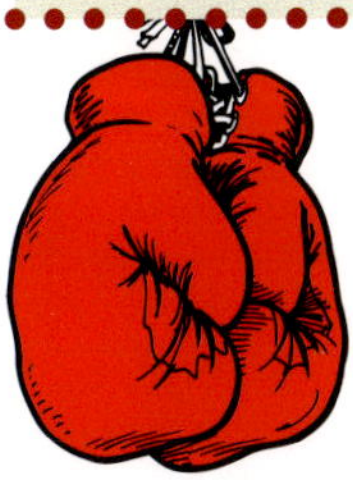

»Ich habe die Schnauze voll! Wenn du dich heutzutage durch die gegnerische Verteidigung quälst, siehst du hinterher aus, als hättest du eine Privataudienz bei Mike Tyson gehabt.«

(Gerhard Poschner)

»I spui mei Spui.«

(Ludwig Kögl)

»Von mir nicht.«

(Der in der Kritik stehende Huub Stevens gereizt nach dem 0:0 gegen Hertha BSC zu einem Reporter, der ihn erst zu seiner Zukunft als Coach am Neckar befragte und ihm danach »Alles Gute« wünschte)

»Eine Minute nach Spielende habe ich noch nicht die Intelligenz, um das Spiel zu beurteilen.«

(Jens Lehmann)

Starschnitt Philipp Lahm

»Oft bin ich vom Training nach Hause gekommen und habe zu meiner Frau gesagt: **›Gudrun, dem Philipp Lahm beim Training zuzusehen, ist wie Bratwurst essen. Ein richtiger Genuss.«**

(Hermann Gerland)

»Das ist ärgerlich, aber kein Beinbruch.«

(Matthias Sammer über den Ausfall von Lahm, der sich einen Ermüdungsbruch im rechten Fuß zugezogen hatte)

»Ich habe schon einen Vor-Vor-Vorvertrag unterzeichnet.«

(Zum angeblichen Interesse von Real Madrid an seiner Person)

»Während eines Spiels die Position von der einen auf die andere Seite zu verändern, ist etwa so anspruchsvoll, wie mit einem linksgesteuerten Auto im dichten Berufsverkehr von London ausgesetzt zu werden.«

»Philipp ist kein Mann für eine Nacht, der hat meistens gar nicht so viel Zeit!«

(Mehmet Scholl)

»Auf dem Platz Weltklasse, außerhalb Kreisklasse.«

(Rudi Völler)

»Wenn der kein großer Spieler wird, werde ich Wasserball-Trainer!«

(Hermann Gerland)

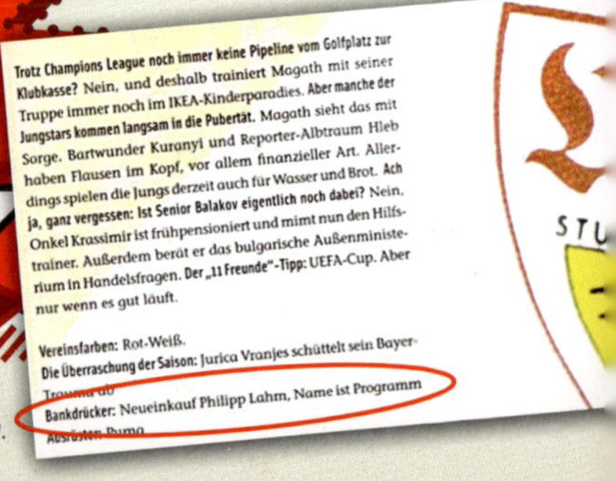

Trotz Champions League noch immer keine Pipeline vom Golfplatz zur Klubkasse? Nein, und deshalb trainiert Magath mit seiner Truppe immer noch im IKEA-Kinderparadies. **Aber manche der Jungstars kommen langsam in die Pubertät.** Magath sieht das mit Sorge. Bartwunder Kuranyi und Reporter-Albtraum Hleb haben Flausen im Kopf, vor allem finanzieller Art. Allerdings spielen die Jungs derzeit auch für Wasser und Brot. **Ach ja, ganz vergessen: Ist Senior Balakov eigentlich noch dabei?** Nein, Onkel Krassimir ist frühpensioniert und mimt nun den Hilfstrainer. Außerdem berät er das bulgarische Außenministerium in Handelsfragen. **Der „11 Freunde"-Tipp:** UEFA-Cup. Aber nur wenn es gut läuft.

Vereinsfarben: Rot-Weiß.
Die Überraschung der Saison: Jurica Vranjes schüttelt sein Bayer-Trauma ab
Bankdrücker: Neueinkauf Philipp Lahm, Name ist Programm
Ausrüster: Puma

Saisonvorschau 2003/04 der 11 Freunde, bei der Einschätzung Lahms lag man damals »etwas« daneben.

»Du hast das Gefühl, dein Knie gehört nicht dir selbst.«

(Horst Heldt über seine Schmerzen an der Patellasehne)

»Gott hat es so gewollt.«

(Adhemar über seine drei Tore beim Bundesliga-debüt mit dem VfB)

»Ich brauche das Spiel, sonst kriege ich einen HERZINFARKT.«

(Winfried Schäfer)

»EIN TRAINER IST NICHT EIN IDIOT.«

(Giovanni Trapattoni)

»Das ist eine Entscheidung, die gut ist. Ich hoffe, das klappt im Winter bei Schnee auch.«

(Armin Veh mit einem Schmunzeln zur Einführung des Freistoßsprays)

November 2003: Jermaine Jones (Eintracht Frankfurt), Kevin Kuranyi, DSF-Moderator Anthony Baffoe und Sven Ottke präsentieren auf einer Modenschau Unterwäsche.

»Ich wusste gar nicht, dass nächste Woche die Nationalmannschaft spielt.«

(Kevin Kuranyi zu seiner ersten Einladung zur Nationalelf)

»Fußball ist ein Tagesgeschäft. Heute ist man der Depp, morgen kann man wieder der Held sein. Entsprechend werden wir arbeiten, um das Deppen-Image wieder abzulegen.«
(Matthias Sammer)

»Es gibt eine ganz einfache Formel: Wenn du Spieler erfolgreich machen willst, dann behandele sie, wie du sie haben willst.«
(Christoph Daum)

»Gute Spiele verliert man, weniger gute gewinnt man.«
(Willi Entenmann)

»Alle meine Kinder wurden im März gezeugt. Da bin ich wohl besonders aktiv und gefährlich. Da müssen sich die Frauen vor mir in Acht nehmen.«
(Thomas Strunz)

»Ich würde gerne jeden erschlagen, der an dieser Entscheidung beteiligt war.«
(Alexander Zorniger über den Wechsel von Joshua Kimmich zu RB Leipzig)

Alexander Zorniger im Oktober 2015

»Man muss nicht immer die absolute Mehrheit hinter sich haben, manchmal reichen auch **51%**.«

(Christoph Daum)

»Eine Elefantenrunde – alle lassen den Rüssel hängen.«

(Präsidiumsmitglied Hubert H. Schäfer nach einer Pleite)

»Manchmal hast du so eine Phase. Da schläfst du eine Nacht, wachst auf und hast drei Verletzte.«

(Michael Frontzeck)

Autogrammkarte aus der Saison 1989/90

»Ich habe keinen Revue-Körper, aber ich kann Fußball spielen. Ich kenne aber viele Spieler, die haben einen Revue-Körper und können's nicht! Ich bin wohl dazu prädestiniert, eine Show abzuziehen. Ich bin kein Leichtathlet, ich bin ein **FUSSBALLER**.«

(Buffy Ettmayer)

»Sag niemals ›Katze‹, wenn du sie nicht im Sack hast.«

(Giovanni Trapattoni)

Starschnitt

Hansi Müller

Hansi Müller im Sommer 1981

In Stuttgart hat man schnell erkannt, dass man sich um den Jungstar etwas mehr kümmern muss als um die anderen Profis. In seiner ersten Saison verpasst der Jungstar eine Partie, weil er sich beim Spielen mit einer Dogge am Auge verletzt. Das findet Präsident Gerhard Mayer-Vorfelder verständlicherweise nicht nur etwas sonderbar: **»Wir haben doch schon in einigen Vertragspunkten vorgesorgt: Ski- oder Motorradfahren sind nicht erlaubt. An das Spielen mit Hunden hat noch niemand gedacht, allerdings: Abiturient Müller, der sich nicht wie die Mannschaft in Ruit auf die Partie vorbereitete, unterlief dieses Malheur bei einem Besuch. Das geht natürlich nicht. In Zukunft wird er bei der Mannschaft bleiben. Da kann er sich auch ungestört aufs Abitur vorbereiten. Am Samstag fahren wir ihn dann eben in die Schule.«**

1979 verdient Hansi Müller schon richtig viel Geld – im Herzen aber bleibt er ein Schwabe. Vor einem Länderspiel auf Malta kauft er am Flughafen groß ein und bittet die Bedienung um einen Beleg über die 20 Mark mit dem Vermerk: »Für Sportzeitschriften«. Als die Dame an der Kasse erstaunt guckt, erklärt ihr der Nationalspieler treuherzig: »Wissen Sie, diesen Beleg kann meine Mutti fürs Finanzamt gebrauchen.«

Seiner Mutti macht Müller viel Freude, seinen Trainern jedoch nicht immer. Am Anfang seiner Karriere sagt Coach Jürgen Sundermann einmal nach einem Spiel: »HÄTTE IHN NICHT EINER ANGESCHOSSEN, WÄREN AUCH DIE STUTZEN SAUBER GEBLIEBEN.« Müller, der zurückhaltende und sensible Profi, scheut zu Beginn seiner Laufbahn gerne auch den Kontakt mit der Presse. Wenn er dann doch einmal mit ihnen redet, weil alle etwas vom »SCHÖNEN HANSI« wollen, redet sich das Talent häufig um Kopf und Kragen. Auf die Frage, ob er denn beabsichtige, seine Freundin Claudia zu heiraten, antwortet Müller: »DA MÜSSTE ICH ERST MAL CLAUDIA FRAGEN, WEIL ICH MIR DARÜBER SELBST NOCH KEINE GEDANKEN GEMACHT HABE.«

Ein Porträt über Hansi Müller im »fußball magazin«

Während der EM 1980 in Italien am Swimmingpool im Quartier der deutschen Mannschaft

»Die Keimzelle des Fußballs ist das Zweikampfverhalten. Jeder, der das Fußballfeld betritt, hat das Ticket zum Krankenhaus in der Tasche. Ob er es einlöst oder nicht, wissen wir erst nach 90 Minuten! So sieht das aus!«

(Christoph Daum)

»Jede starre Taktik wird zu einem Grab.«

(Christoph Daum)

Trainer Albert Sing:
»Ich werde jeden Tag den Ettmayer herausfordern, ja ihn sogar beleidigen, wenn es zum Nutzen des VfB Stuttgart ist. Privat ist das was anderes. Wenn ich zum Beispiel mit einem Spieler ausgehen würde, wäre das nur der Ettmayer.«
Antwort Ettmayer:
»Aber ich würde nicht mit ihm ausgehen!«

Trainer Albert Sing (1967)

Buffy Ettmayer im Jahr 1971

Der VfB Stuttgart

in den 1950er Jahren als Titelthema der Zeitschrift "Fussball Jugend", die vom DFB herausgegeben wurde.

Wer ein richtiger Spieler für die Nationalmannschaft werden will, muß Tore wie Morlock knallen können. Den Ball genau ins Auge gefaßt, alle Aufmerksamkeit aufs genaue Treffen gerichtet, hat Morlock den Ball „auf die Pfanne" genommen. Wie es jeder gute Spieler betreibt, hat Morlock den Fuß wie ein Brett gestreckt. So gibt es „Morlockbomben", pfefferscharfe Knallflitzer, die wie Striche in die Tore flitzen. Morlock zeigt auch die ausgeglichene Körperarbeit des ausgebildeten Spielers. Sicher hat das Standbein die Last des ganzen Mannes übernommen, und frei kann nun das Schußbein schwingen. Gut ist auch Morlocks Oberkörpergegenzug: erst so kann man rhythmisch-sauber schlagen; erst so kann man die volle Schußkraft auf den Ball übertragen. Gute Fußballtechnik ist eben in ihrer Art so vollkommen wie die Technik eines modernen Motorrads. Die wilde Kraft muß in der Technik umgeformt, erhöht, „flüssig" gemacht sein!

Bögelein wienert seine Schuhe

„Ein sauberer Torwart muß auch saubere ‚Töppen' haben", so denkt und handelt der Hüter des Deutschen Meisters, „denn ein schlampiger Spieler wird auch als Spieler der Beste nicht sein." Und Bögelein, sauber bis in die Fingernägel, bringt seine Dinger auf Hochglanz. „Dreckig darf man zwar werden, doch dreckig nimmer sein", ist sein sauberer Gedanke. „Eine Mannschaft, die tipptopp zum Spiele kommt, wird mit doppelter Freude in den Kampf ziehn", meint er. Der Meistertorwart hat das längst begriffen, und so bringt er die Schuhe zum nächsten Spiel in Ordnung. „An den Schuhen kann man den Fußballspieler erkennen", sagt Bögelein mit Recht, „und ich habe nicht Lust, für einen Schmierfinken gehalten zu werden." Potztausend: vom Kopf bis zum Fuß ein sauberer Kerl!

Aus dem Innenteil des Magazins.

Die neunte Ausgabe 1952 widmete man Torhüter Karl Bögelein: »Bögelein, die große Eins im Tor des VfB Stuttgart. Er schaut uns ernst durch die Maschen an. Doch steht er im Kampf, man heizt ihm ein; er hat jetzt wenig zu lachen. Er muß jetzt eine lauernde Pantherkatze sein!«

Eine Szene vom Endrundenspiel um die Deutsche Meisterschaft 1954 ziert das Cover der Ausgabe März 1955: »Drei ihrer bekannten Spieler aus dem Vorschlußspiel des letzten Jahres: Hannovers linker Verteidiger Kirk, sein Torwart Krämer und Stuttgarts Rechtsaußen Hinterstocker.«

Starschnitt

Fredi Bobic

»Die Kameras sind ja fast mit auf die Toilette gegangen, um zu sehen, was für ein Gesicht der Trainer macht.«

Aus der »Bravo Sport«

»Wenn ich einmal nicht mehr fit genug bin, um übers Feld zu stürmen, stelle ich mir vor, meinen Traum zu erfüllen: FEUERWEHRMANN IN NEW YORK. Ich würde für meine Leistungen anerkannt, so wie sich das für Menschen gehört, die für andere ihr Leben riskieren. Mehr jedenfalls als für den Fußballer, der ich im wirklichen Leben bin.«

»Wenn die **Kacke** einmal am Dampfen ist, dann kommt man in einen **Negativ-Trend.**«

»Ich bin schon ziemlich INTIM …äh IMMUN dagegen geworden.«

(Über Kritik an seiner Person)

»Es muss Elfmeter gewesen sein. Schwalben kann ich überhaupt nicht.«

Erfolgreiche „Dreiecke" in der Bundesliga

VfL Wolfsburg Grafite/Dzeko/Misimovic	2008/09 und 2009/10	104 Tore
VfB Stuttgart Elber/Bobic/Balakov	1995/96 und 1996/97	89 Tore
Werder Bremen Klose/Klasnic/Micoud	2004/05 und 2005/06	81 Tore

»Irgendwas mit McDonald. Da gibt es wahrscheinlich nur Big Macs zu essen.«

(Auf die Frage, ob er wisse, wie das Mannschaftshotel der deutschen Nationalmannschaft in Schottland heiße)

Autogrammkarte aus der Saison 1997/98

»Wenn ich so ein schlechter Spieler wie der Bobic wäre, würde ich die 9 nicht anziehen. Das ist eine Beleidigung für dieses Trikot. Der kann vielleicht die 29 tragen.«

(Klaus Fischer)

»Ich hätte die Dinger auch nicht reingemacht … mit meinem Knie.«

(Matthias Sammer über Fredi Bobics Leistung)

Der stürmende Fredi Bobic während der Saison 1998/99

»Blinde Bratwurst.«

(Zu einem Schiedsrichter)

»Die EINSTELLUNG ist wichtiger als die AUFSTELLUNG.«

(Matthias Sammer)

»Das ist das Schöne an offenen Geheimnissen: Die kommen ganz selten ans Licht.«

(Christoph Daum)

»Spannen wir den Karren nicht vor die Ochsen, sondern lassen wir die Ochsen hinter dem Karren.«

(Giovanni Trapattoni)

»Dass der Rasen im Waldstadion kürzer gemäht wird, damit ich meinen Freund Horst Heldt besser sehe.«

(Mehmet Scholl auf die Frage, was er sich für das neue Jahr wünsche)

»Die Sonne, die in São Paulo scheint, hat er in sich drin.«

(Ralf Rangnick über die Fröhlichkeit des brasilianischen Neuzugangs Adhemar)

Die Freude nach dem Auswärtssieg in Dortmund (2:0) war riesig bei Timo Hildebrand und Horst Heldt (Saison 2003/04).

Autogrammkarte der Saison 2001/02

Beethoven …

… Claudia Schiffer auf dem Cover der französischen »Vogue« …

… Michael Schumacher auf dem Cover des »Time«-Magazins …

»Die Deutschen gaben der Welt Beethoven, Claudia Schiffer und Michael Schumacher. Arsenal bekam traurigerweise Jens Lehmann.«

(»The Sun« zum Ausscheiden des FC Arsenal im CL-Viertelfinale nach zwei Lehmann-Patzern)

… und Jens Lehmann während eines Spiels mit dem VfB Stuttgart.

»Der lässt sich den Adler tätowieren.«

(Felix Magaths Kommentar zum Nationalmannschaftsdebüt von Kevin Kuranyi)

»Alles andere als die Nicht-Meisterschaft wäre ja eine Katastrophe gewesen.«

(Thomas Strunz)

»Solche Bälle haben wir im Training zur Vergasung immer geübt.«

(Alexander Strehmel)

»Wir waren in Jena ganz nah dran am Fußballalltag. Ein ehrliches Fußballspiel, nicht so steril wie in vielen Bundesligastadien, wo man mit dem Bus bis ins Stadioninnere hineingefahren wird.«

(Martin Harnik nach einem Pokalspiel bei Carl Zeiss Jena)

Die fünf Weisheiten des Matthias Sammer

Panini-Sammelkarte zur WM 1994 in den USA

- »Mir ist ein geschmackloser Sieg lieber als eine rauschende Niederlage.«

- »Kritik bedeutet nicht automatisch Erschießung.«

- »Man kann nicht immer erwarten, dass in unserem Spiel alles leuchtet und den Leuten der Mund offen stehen bleibt.«

- »Grundsätzlich haben Frauen mehr Tiefe als Männer.«

- »Sicherlich haben wir im Moment einen kleinen Lauf, aber Lauf heißt ja bekanntlich Lauf, weil's von laufen kommt.«

Matthias Sammer neben Andreas Thom bei der Nationalmannschaft am 1. Dezember 1991

»Der Trainer ist nicht das Problem, sondern die Lösung.«

(Stuttgarts Sportvorstand Robin Dutt verteidigt Trainer Alexander Zorniger.)

»Wenn wir gut spielen würden, hätten wir Punkte.«

(Daniel Didavi nach einer 1:2-Niederlage bei Hertha BSC, der vierten Niederlage im vierten Saisonspiel)

»Das Einzige, womit ich Probleme hatte, waren die Fliegen. Ich glaube, dass ich sieben Fliegen verschluckt habe. Das war am Ende noch mal ein Eiweißschub.«

(Martin Harnik über seine Probleme beim 2:0 gegen Mainz 05 am 32. Spieltag der Saison 2014/15)

Jürgen Kramny freut sich über den Sieg beim 1. FC Köln im Januar 2016.

»Meine Kinder waren mal Mainz-Fans, dann VfB-II-Fans und jetzt VfB-I-Fans.«

(Interimstrainer Jürgen Kramny, der vorher als Co-Trainer in Mainz und als Chefcoach des Stuttgarter Drittligateams aktiv war)

»Wenn es **2:0** steht, fällt das **3:0** leichter.«

(Jürgen Kramny)

Kramny, Jürgen

Geb. 18. 10. 1971, Größe 1,82 m, Gewicht 76 kg.

Seit 1984 beim VfB, 14 Bundesligaspiele, 2 Europapokalspiele. Ledig.

Dieser Zeitungsausschnitt müsste aus dem Sommer 1992 sein.

»Der Junge macht Spaß. Wir müssen ihm weiter Zeit geben zu wachsen.«

(Sportvorstand Fredi Bobic über den Shooting-Star der Schwaben, Timo Werner)

Die Niederländer haben Angst vor Eike Immel? Lothar Matthäus vermutet, Stuttgarts Trainer Arie Haan habe seinen Spieler Immel zum Rücktritt bewogen, weil er damit die deutsche Nationalelf bewusst schwächen wolle. Immerhin träfe man in der WM-Qualifikation aufeinander. Arie Haan hat dazu allerdings eine ziemlich klare Meinung: »Ach, Matthäus … Was der Lothar sagt, interessiert mich nicht. Der soll bloß die Klappe halten!«

»Fußball ist geil, wenn man gewinnt.«

(Bruno Labbadia)

»Erst Kacke – dann Hacke.«

(Die »Bild« über Giovane Elber, der nach überstandener Darminfektion ein Tor mit der Ferse erzielte)

»Papa, du hast einen blöden Beruf. Du musst sogar sonntags trainieren, wenn andere Leute in die Kirche gehen.«

(Jonas Allgöwer zu seinem Vater Karl)

Autogrammkarte der Saison 1988/89

»Es kommen sieben Wochen der Entscheidung, da gibt es kein Privatleben mehr.«

(Rolf Rüssmann, der von den VfB-Spielern verlangt, sich ab sofort in ihrer Freizeit zu Hause aufzuhalten)

»Ich glaube, ich habe heute zwei Spiele gesehen. Eines in der ersten Hälfte, das andere in der zweiten.«

(Giovanni Trapattoni)

»Es fragt morgen keiner nach dem Wie. Maximal wird im ›DOPPELPASS‹ irgendein Käse erzählt.«

(Matthias Sammer)

»Ja, weil sie Bundesliga spielen.«

(Trainer Alexander Zorniger auf die Frage eines Journalisten, ob er den HSV auf Augenhöhe sehe)

»Man kommt in die Kabine und muss sich erst orientieren, ob man überhaupt alle kennt – das ist Wahnsinn.«

(Matthias Sammer zur Personalmisere, die ihn zum verstärkten Einsatz von Regionalliga-Spielern zwingt)

Felix Magath mit seiner Frau und zwei Töchtern im Sommer 1984

»Um was soll ich mir alles Gedanken machen? Ich habe hier genug zu tun und mittlerweile sechs Kinder.«

(Felix Magath zum Dopingskandal bei Juventus Turin)

»Elf FREUNDE müsst ihr sein? Ich wäre momentan schon froh, hätte ich elf GESUNDE!«

(Willi Entenmann)

»Unser **Zwei**-beziehungsweise **Drei**kampfverhalten war ungenügend.«

(Ralf Rangnick)

Sammelkarte von Willi Entenmann aus dem Jahr 1966

Bremen hat mit zwei Punkten Vorsprung auf die Bayern in der letzten Begegnung der Spielzeit 1985/86 in **Stuttgart** alles selbst in der Hand. Doch die Nerven versagen. Während die Bayern Gladbach mit 6:0 aus dem Stadion schießen, liegt Werder schnell mit 0:2 zurück. Nur kurz keimt Hoffnung bei den Bremern auf, als Burgsmüller den Anschlusstreffer erzielt. Der zweifache **Stuttgarter** Torschütze Karl Allgöwer erinnert sich: **»Als der Schiedsrichter zeigt, dass er zwei Minuten nachspielen lässt, sind sie hinter uns hergelaufen und haben gebettelt: Lasst uns doch ein Tor schießen, ihr verliert doch nichts dabei.«** Die Partie endet 2:1, und Bayern München ist erneut Deutscher Meister.

Ausschnitt aus einem »Kicker«-Heft der 1980er Jahre

»Kein Problem. Das nächste Mal darfst du auf die Bank.«

(Matthias Sammer auf die Frage eines Journalisten, warum er nicht ausgewechselt habe)

Starschnitt
Krassimir Balakov

»Für mich spielen Punkte keine Rolle. Ich schaue immer nach oben, weil ich am Ende dort stehen möchte.«

Balakov während eines Spiels gegen den VfL Wolfsburg in der Saison 1997/98

»Das war eine schwäbische Gratulation: Wir haben viel über die 200 Bundesligaspiele geredet, aber nichts geschenkt.«

(VfB-Präsident Manfred Haas über die ausgebliebene Ehrung Krassimir Balakovs für sein 200. Bundesligaspiel)

»Balakow hat viel Raum – und Platz ohne Ende.«

(Erich Laaser)

»Ich habe gesehen, der Ball läuft genau gegen mich. Was soll ich machen? Muss ich reinmachen.«

»Balakov konnte sich dabei sogar noch unterhalten.«

(Felix Magath ist beeindruckt von der läuferischen Leistung seines Mittelfeldregisseurs beim Konditionstraining.)

Krassimir Balakov auf dem Titel der »Bravo Sport« vom 9. Oktober 1996

Starschnitt

Timo Hildebrand

»Stuttgarts Tormann Timo Hildebrand ist so gut – viele sagen, zur Nummer 1 in Deutschland fehle ihm nur noch eine blonde Schlampe aus der Disco!«

(Harald Schmidt)

»Da konnte ich Oliver Kahn mal näher kennenlernen als nur vom Händeschütteln.«

(Zum Treffen bei der Nationalmannschaft)

»Ich habe ihn zwar berührt, weiß aber nicht, warum er umgefallen ist.«

(Am 12. Spieltag der Saison 2003/04 kam es zu großer Aufregung, als Hildebrand den Frankfurter Markus Beierle im Strafraum durch eine leichte Berührung zu Fall brachte. Beierle verpasste dadurch die Chance zum 1:1-Ausgleich, obwohl er den Keeper eigentlich schon umkurvt hatte. Doch der Schiedsrichter ließ die Szene zum Ärger der Eintracht weiterlaufen.)

»Gegen so einen defensiven Gegner ist es natürlich schwer, ein Tor zu entscheiden.«

»Wieso? Er hat doch auch noch nicht unterschrieben.«

(Auf die Frage, ob Teammanager Felix Magath sauer über seinen Vertragspoker sein könnte)

Timo Hildebrand und Thomas Hitzlsperger im Kreise der Nationalmannschaft (Mai 2006)

Panini Premium Card aus dem Jahr 1996

»Stuttgart im Rausch, auf der Galerie und im Gras! Elber schlägt die Pässe schon per Fallrückzieher und auch Fredi Bobic trifft, wie er will. Sogar seine Freundin ist schwanger.«

(»Tagesspiegel«)

»Beckenbauer ist eine Lichtgestalt, dagegen bin ich nur ein kleines Taschenlämpchen.«

(Präsident Erwin Staudt)

»Direktoren sitzen im Zimmer, dirigieren andere und sind selbst nicht aktiv.«

(Manager Rolf Rüssmann auf die Frage, warum er sich Manager und nicht Sportdirektor nenne)

»Ein guter Eckball ist wie eine Traumfrau: starke Kurve und unheimlich scharf.«

(Winfried Schäfer)

»Was ich persönlich von solchen Vereinen halte, das weißt du selbst. Das erste Topspiel hast du ja gleich am ersten Spieltag - Sex mit Kondom ist genauso gefühlsecht wie dieses Spiel**.«**

(Abschiedsworte von Kevin Großkreutz an Lukas Rupp, der im Sommer 2016 nach dem Abstieg zur TSG Hoffenheim wechselte. Am 1. Spieltag der Saison 2016/17 traf Hoffenheim auf Liganeuling RB Leipzig.)

»Ich bin kein Masochist, dem das Leiden Spaß macht.«

(Felix Magath auf die Frage, ob er sich das Spiel seiner Stuttgarter gegen Dortmund noch einmal ansehen werde)

»Ich habe eine **Sehschwäche**. Vielleicht waren meine Kontaktlinsen verrutscht.«

(Matthias Sammer auf die Frage, ob er den Schlag von einem seiner Spieler nicht gesehen habe)

»Von der B-Note haben wir klar gewonnen, aber wir sind in Schönheit gestorben.«

(Ralf Rangnick über die fehlende Entschlossenheit seiner Profis)

»Im Vergleich zu den Artikeln, die sie schreiben, sind die Märchen aus 1001 Nacht empirische Untersuchungen.«

(Christoph Daum über türkische Sportjournalisten)

»Die Bratwurst hat heute zwei Tore geschossen.«

(Giovane Elber über seinen Freund Fredi Bobic)

Panini Premium Card der Saison 1995/96

»Mein Lieblingstier ist der Elefant. Er hat eine dicke Haut und einen breiten Rücken.«

(Christoph Daum)

Autogrammkarten der Saisons 1984/85 (links) und 1987/88

»Keiner fragt, was man arbeitet, jeder schaut nur auf die Tabelle.«

(Willi Entenmann)

Sammelbild zur WM 1974, Arie Haan im Trikot der niederländischen Nationalmannschaft

»Als der in die Bundesliga kam, meinte er, dass hier mehr trainiert werden müsse. Er selbst aber macht am wenigsten.«

(Winfried Schäfer über Arie Haan)

»Es lohnt sich wieder, die Trainingsklamotten zu waschen, sie sind wieder nass.«

(Jochen Seitz, Zeugwart des VfB Stuttgart, über Veränderungen unter dem neuen Trainer Felix Magath)

»Bei der Tour de France würde ich sagen, **wir haben das Hauptfeld erreicht**.«

(VfB-Sportvorstand Robin Dutt im Januar 2016 nach einem Sieg gegen den HSV, durch den Stuttgart den Anschluss ans Mittelfeld gefunden hatte)

»Ich will jeden Ball versenken. Zu Hause im Garten und auch in jedem Bundesligaspiel.«

(Mario Gomez)

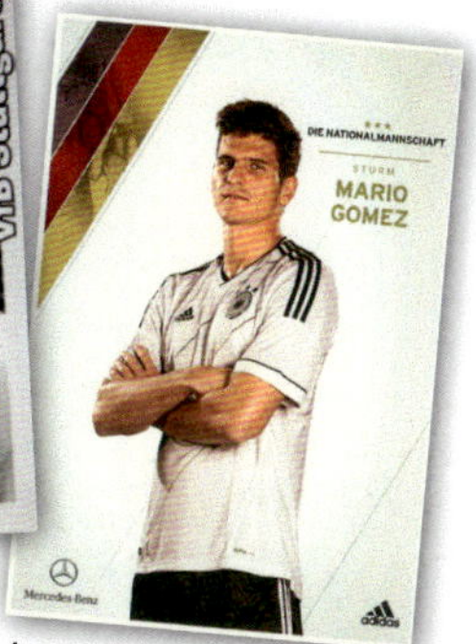

Autogrammkarte zur EM 2012

Mario Gomez versuchte den besonderen Moment im Mai 2007 mit seiner Digitalkamera festzuhalten. So richtig glücklich sieht er dabei nicht aus …

»Der Trapattoni spricht mittlerweile besser Deutsch als der Augenthaler bei der Brotzeit.«

(Max Merkel)

»Ich habe gestern wieder Ergebnisse getippt. Wenn Sie die hören würden, glauben Sie, ich habe gar keine Ahnung.«

(Matthias Sammer)

»In den Sommerferien habe ich mit meiner Familie vier Wochen Urlaub in Florida gemacht und am Ende sogar einen Hurrikan erlebt. Ich bin also sturmerprobt.«

(Ralf Rangnick)

»Zumindest sprechen wir beide die gleiche Fremdsprache. Wie der Slogan: **›Wir können alles, außer Hochdeutsch.‹**«

(Ralf Rangnick auf die Frage nach einer möglichen Zusammenarbeit mit seinem schwäbischen Landsmann Jürgen Klinsmann)

»Sie machen sich Gedanken, wie sie Tore bejubeln, und nicht darüber, wie man ein Tor schießen kann.«

(Felix Magath über die neue Spielergeneration)

»Wie soll ich mich fühlen!? Ich freue mich immer über Niederlagen!«

(Christoph Daum nach einer Niederlage auf seine Gefühle angesprochen)

»Wenn ich abends um 18 Uhr bei Pommes rot-weiß und Cola auf dem Sofa liege, muss ich mich nicht wundern, wenn ich ab der 70. Minute körperlich nicht mehr zusetzen kann.«

(Matthias Sammer)

Starschnitt

Mario Gomez

»Wir haben schon den Druck gespürt, ich hatte richtig dicke Schenkel, als ich reinkam.«

»Man kann sich immer verbessern, aber ich kenne meine Stärken und weiß, dass ich komplett bin.«

»Es war irgendwas dazwischen. Und es tat weh.«

(Gomez nach seinem »Penistor«)

»Wir haben einen Außerirdischen mit der Nummer 33, der hätte den Ball auch von der Kabine aus ins Tor geknallt.«

(Ludovic Magnin über den Stürmer. Antwort von Gomez: »Vom Aussehen her ist eher Ludo ein Außerirdischer.«)

»Wir müssen schauen, ob wir in Karlsruhe zwei oder drei Banken ausrauben können, um einen Spieler dieser Qualität verpflichten zu können.«

(KSC-Trainer Edmund Becker)

Starschnitt Armin Veh

»Fußball könnte so schön sein, wenn nicht dauernd was Blödes passieren würde.«

»Außerdem wäre es mir lieber, wenn ich jetzt nicht so viele Fragen beantworten müsste, weil ich so nach Bier stinke. ***Ich kann mich selbst nicht mehr riechen.***«

(Bei der Pressekonferenz nach der Übergabe der Meisterschale)

»Der VfB ist jetzt auch ein echter VehFB, mit einer Mannschaft voller Held(t)en.«

(Norbert Haug, Mercedes-Motorsportchef)

»Es ist niemand gestorben. Es ist immer noch nur Fußball.«

(Als er den Meistererfolg in der Saison danach nicht konservieren konnte)

»Wenn man kein Tor erzielt, kann man nicht unentschieden spielen, wenn der Gegner eins macht, und schon gar nicht gewinnen.«

Plakat der VfB-Fans im Mai 2007

»Ich habe noch keinen Manager gesehen, der Tore schießt oder verhindert.«

(Toni Schumacher zum Dienstbeginn von Rolf Rüssmann beim VfB Stuttgart)

Stadionhefte aus besseren Zeiten …

»Ich bin für eine saubere Umwelt, gegen Kernkraftwerke und gegen Aufrüstung«, sagt Stuttgarts Karl Allgöwer, setzt sich für die SPD ein und ist deshalb natürlich bei seinem Präsidenten, dem CDU-Kultusminister von Baden-Württemberg, nicht sonderlich gut gelitten.

»Ich wusste selbst nicht, dass ich noch in der Lage bin, so hart zu schießen.«

(Matthias Sammer zu seinem Schuss in Richtung eines gegnerischen Spielers, für den er auf die Tribüne verbannt wurde)

»In meiner aktiven Karriere hatte ich eher ein Beruhigungsmittel nötig und kein Doping.«

(Huub Stevens)

Starschnitt

Buffy Ettmayer

Fast das ganze Fußballerleben des Spielers Johann Ettmayer, den alle nur **»Buffy«** rufen, wird von einem Thema beherrscht: seinem Gewicht. Kein Wunder, denn **»Buffy«** heißt auf Tschechisch so viel wie Dickerchen. Ein Spitzname, den ihm sein ehemaliger Trainer Leopold Šťastný verpasst hat. Lange kämpft Ettmayer gegen das Image des behäbigen Profis an, doch irgendwann hat er genug und geht verbal in die Offensive: ***»Einen dicken Hintern werde ich immer haben, und mit dem Ruf, dass ich nicht laufen und kämpfen kann, muss ich halt leben.«***

Dabei ist Ettmayer in Wahrheit einer der Flinksten: Vor der Saison 1974/75 läuft er gegen den »schnellen Polizisten« Heinz Stickel zu später Stunde ein Rennen über 100 Meter. Die Prämie von 50 Mark holt sich der stets etwas füllig wirkende Ettmayer in einer hervorragenden Zeit. Nach 12,3 Sekunden überschreitet er die Ziellinie. So gut der Start in die Spielzeit ist, so schlecht geht sie weiter. Die Saison wird zu Ettmayers persönlichem Debakel. Nach einem spektakulären 5:5 bei Eintracht Frankfurt richtet VfB-Trainer Hermann Eppenhoff das Wort an seinen auf die Tribüne verbannten Star: »Und wenn der Ettmayer noch so gut spielte – erst wenn er den Einsatz bringt, den heute alle meine Spieler gezeigt haben, wird er vom Publikum, von der Presse, der Mannschaft und mir wieder voll akzeptiert!«

»Buffy« Ettmayer auf dem Cover des »kicker« im März 1974

Was Ettmayer neben seinen Toren beim Publikum so beliebt macht, sind seine Sprüche. Obwohl er Schuhgröße 43 hat, trägt er seine Fußballtreter stets zwei Nummern kleiner: ***»Ich wollte immer ein Kondom an den Füßen haben, sonst hast du ja kein Gefühl.«*** Und als VfB-Trainer Albert Sing zu ihm sagt: »Es gibt Bilder, da warst du dünner«, kontert Ettmayer launig: ***»Die sind wahrscheinlich mit einer Schmalfilmkamera gemacht!«*** Nach seinem Karriereende lässt es sich Ettmayer gut gehen – man sieht es ihm an. Doch dem österreichischen Starspieler ist es gleich. Er erzählt: ***»Wenn ich heute auf eine Waage steige, sagt die sofort: ›Bitte nicht in Gruppen benutzen!‹«***

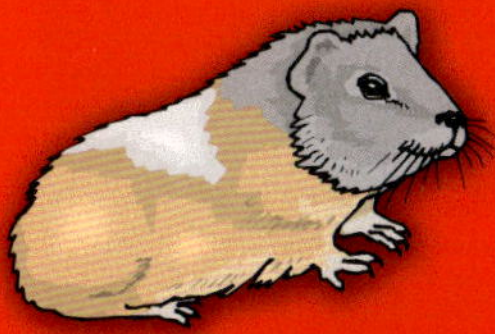

»Letzte Woche war ich noch ein Meerschweinchen, jetzt sehe ich aus wie eine Sau. Der Grund: Ich habe 200 Gramm zugenommen.«

»Ich bin der einzige Österreicher, der seinen Rucksack vorne trägt.«

(Über sein Gewichtsproblem)

Sepp Maier, Ente Lippens und ich – wir sind Viecher. Und die Leute wollen beim Fußball halt auch was zu lachen haben.

»Ich bin kein Til Schweiger.«

(Huub Stevens ist eine ehrliche Haut, der keine Schauspielerei mag.)

»… müssen wir über den reden? Negatives möchte ich nicht sagen, und Positives fällt mir nicht ein.«

(Jupp Heynckes über Christoph Daum)

»Wir singen für unsere Farben, unsere Ehre, nicht mehr für euch Fußballmillionäre!«

(Banner der VfB-Fans)

Autogrammkarte von Lothar Buchmann

»Seine Frau braucht keine Bedenken zu haben: Auswärts ist der Schorsch schwächer als zu Hause.«

(Trainer Lothar Buchmann über seinen Spieler Georg Volkert)

Georg Volkert während eines Pokalspiels gegen den VfL Wolfsburg in der Saison 1979/80

»Sie dürfen heute feiern, aber im nicht-exzessiven Bereich.«

(Ralf Rangnick)

»Aus dieser Mannschaft ist noch reichlich Erdöl zu fördern.«

(Giovanni Trapattoni)

»Den Oscar der Beliebtheit wird JENS LEHMANN nicht mehr gewinnen.«

(Rudi Völler über das Image des Nationaltorwarts)

»**Hätte, wäre, wenn** – das zählt doch im Fußball alles nicht.«

(Winfried Schäfer)

»Profifußballer reagieren zum überwiegenden Teil auf Druck. Die sogenannten verantwortungsvollen Profis, von denen wir immer wieder sprechen, die gibt es gar nicht so häufig. Wenn du einen hast, das ist gut. Wenn du zwei hast, sei glücklich, wenn du drei hast, wirst du Meister.«

(Christoph Daum)

Meisterfeier in Stuttgart am 16. Mai 1992 mit Margit Mayer-Vorfelder, Stefanie Immel (Ehefrau von Torwart Eike) und Ursel Daum (v.l.)

»Wir haben einen Stand erreicht, wo man die Keule rausholen und eine Drecksau sein muss, damit die Mannschaft richtig erschrickt.«

(Matthias Sammer)

Timo Hildebrand während der Saison 1999/2000

»Der Hildebrand muss entweder einen Papst in der Tasche haben oder in die Scheiße langen. Der hält einfach alles.«

(Stefan Schnoor)

»Der Erfolg eines Klubs fängt dort an, wo auch der Platzwart zum Siegertyp wird.«

(Christoph Daum)

»Langsam geht es wieder Richtung Wand.«

(Felix Magath nach drei Niederlagen in Folge)

»Unsere ganz große Stärke ist es, dass wir wissen, was wir nicht können.«

(Alexander Strehmel)

Autogrammkarte (Ender der 80er Jahre) von Alexander Strehmel

Meisterfeier beim VfB 1992: Alexander Strehmel knutscht Maurizio Gaudino.

Panini Premium Card der Saison 1995/96

»Jedes Spiel hat so seine zwei Seiten, und dann noch **1.000** andere.«

(Thomas Strunz)

»Wenn du dich an **Zucker** gewöhnt hast, willst du kein **Salz** mehr.«

(Giovanni Trapattoni)

»Ich will jetzt nicht sagen, ich bin der tollste Torhüter. Aber ich habe bisher noch keinen kennengelernt, der von seinem Können her kompletter ist als ich.«

(Jens Lehmann)

Topps Sammelbild aus der Saison 2009/10

»Das Gegentor fiel zum psychologisch ungünstigsten Zeitpunkt. Aber man muss an dieser Stelle auch einmal die Frage stellen, ob es Gegentore gibt, die zu einem psychologisch günstigen Zeitpunkt fallen.«

(Christoph Daum)

Frage an Andreas Buck: **»Was wäre, wenn Sie Andreas Möller wären?«**
Antwort: **»Dann würde ich versuchen, ab und zu ein bisschen ehrlicher zu sein.«**

»Diese Spieler, was können nicht, können nicht deshalb nicht, weil sie nicht wollen.«

(Otto Baric, kroatischer Trainer, von 1985 bis 1986 beim VfB)

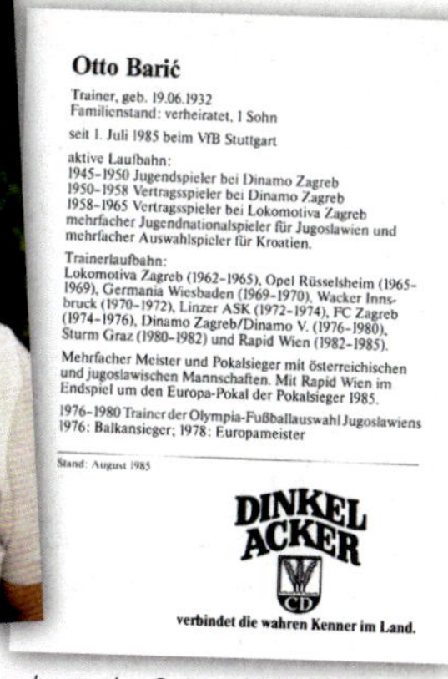

Otto Barić

Trainer, geb. 19.06.1932
Familienstand: verheiratet, 1 Sohn

seit 1. Juli 1985 beim VfB Stuttgart

aktive Laufbahn:
1945–1950 Jugendspieler bei Dinamo Zagreb
1950–1958 Vertragsspieler bei Dinamo Zagreb
1958–1965 Vertragsspieler bei Lokomotiva Zagreb
mehrfacher Jugendnationalspieler für Jugoslawien und mehrfacher Auswahlspieler für Kroatien.

Trainerlaufbahn:
Lokomotiva Zagreb (1962–1965), Opel Rüsselsheim (1965–1969), Germania Wiesbaden (1969–1970), Wacker Innsbruck (1970–1972), Linzer ASK (1972–1974), FC Zagreb (1974–1976), Dinamo Zagreb/Dinamo V. (1976–1980), Sturm Graz (1980–1982) und Rapid Wien (1982–1985).

Mehrfacher Meister und Pokalsieger mit österreichischen und jugoslawischen Mannschaften. Mit Rapid Wien im Endspiel um den Europa-Pokal der Pokalsieger 1985.

1976–1980 Trainer der Olympia-Fußballauswahl Jugoslawiens
1976: Balkansieger; 1978: Europameister

Stand: August 1985

DINKEL ACKER

verbindet die wahren Kenner im Land.

Autogrammkarte der Saison 1985/86

»Es ist ein Sehnenabriss am Schambeinknochen. Hört sich lustig an – ist aber trotzdem beim Fußball passiert.«

(Thomas Strunz)

»Wenn der Ball so aufgesprungen wäre, wie ich gedacht habe, hätte ich ihn gehalten, glaube ich.«

(Jens Lehmann)

»So einer wie der Effenberg, der hätte in den 1970er Jahren nicht gespielt, nicht die Koffer getragen – der hätte bestenfalls den Ball eingefettet.«

(»Buffy« Ettmayer)

Autogrammkarte der Saison 1983/84

»Wir hatten von vornherein keine Chance und haben sie etwas genutzt.«

(FC-St.-Pauli-Trainer Klaus-Peter Nemet nach einer 0:3-Niederlage gegen den VfB Stuttgart)

Hallo Fans!

Als Mannschaftskapitän des VfB Stuttgart wende ich mich heute vom Krankenbett aus mit einer ganz großen Bitte an Euch.

Meine Mannschaftskameraden und ich wissen, wie wichtig Eure Unterstützung für uns ist – gerade wenn es gilt, schwierige Situationen zu meistern.

Wir brauchen wieder den Erfolg!

Hierfür benötigen wir Eure lautstarke, aber faire Unterstützung. Um erfolgreich sein zu können, muß man uns aber auch in

Ruhe

arbeiten lassen.
Zur Mannschaft gehört auch unser Trainer; wir stehen zu ihm!

Helft uns in dieser Weise – damit erweist Ihr uns die größte Unterstützung.

Euer
Asgeir Sigurvinsson
Mannschaftskapitän

»Timo Wenzel, der seinen Kasten fast sauber gehalten hat, war einer der Garanten für die drei Punkte.«

(Felix Magath nach einem 2:1-Sieg seines VfB Stuttgart, bei dem Timo Hildebrand im Tor stand)

»Schade, dass das Stuttgarter UEFA-Cup-Spiel gegen Budapest nicht zwei Stunden dauerte. Ich hätte zugeschaut, ohne auf die Toilette zu gehen.«

(Eric Gerets vom Tabellenführer VfL Wolfsburg am siebten Spieltag der Saison 2004/05 zur Spielstärke des Verfolgers, dem VfB Stuttgart)

»Wir wollten unbedingt einen frühen Rückstand vermeiden. Das ist uns auch gelungen. Der VfB Stuttgart hat in den ersten zweieinhalb Minuten kein Tor geschossen.«

(Bernd Krauss)

»Soll ich stehen bleiben? Dann biete ich mehr Angriffsfläche.«

(Jens Lehmann bei einer Pressekonferenz)

»Wenn das so weitergeht, dann können wir mit **zwei Pkw** zum VfB Stuttgart fahren.«

(Klaus Toppmöller über die Verletzungssorgen beim HSV)

»Das nächste Spiel ist immer das nächste.«

(Matthias Sammer)

»Andere erziehen ihre Kinder zweisprachig, ich beidfüßig.«

(Christoph Daum)

»Das Schönste an Stuttgart ist die Autobahn nach München.«

(Thomas Strunz weiß, wie man sich bei den eigenen Fans beliebt macht.)

»Es freut mich für ihn. Er hat sicher nicht damit gerechnet, dass er ein Tor schießt.«

(Kapitän Christian Gentner schmunzelnd zum ersten Bundesligatreffer seines Teamkollegen Serey Dié am 21. Spieltag der Saison 2015/16. Dié feierte sein Tor anschließend ausgiebig.)

Serey Dié bejubelt seinen ersten Bundesligatreffer.

Das Toupet von VfB-Spieler Horst Köppel sorgt für volle Kassen und Furore. Köppel: »Es ging nicht nur um Eitelkeit oder Schönheit, es war auch eine ganze Menge Geld, und da konnte ich nicht Nein sagen.« **Doch er selbst mag sein Toupet eigentlich gar nicht:** »Wenn ich gewusst hätte, wie viel Arbeit das macht und wie viel du darunter schwitzt, also nein…« **Seine Gegenspieler lieben Köppel hingegen für das auffällige Markenzeichen. Als Köppel bei jeder Körperberührung zu Boden geht, flüstert ihm der sichtlich genervte Kölner Simmet zu:** »Wenn du dich noch mal fallen lässt, zieh' ich dir den Hut aus.« **Und tatsächlich: Bei der nächsten Gelegenheit ist es dann so weit. Scheinbar bemüht, dem wieder einmal auf dem Boden Liegenden aufzuhelfen, zupft Simmet leicht an Köppels Kopfschmuck, der zur Freude der sich vor Lachen biegenden Zuschauer und des grinsenden Schiedsrichters bedenklich verrutscht war. Danach ist der Bloßgestellte urplötzlich wesentlich stabiler auf den Beinen.**

Horst Köppel im Sommer 1972 mit Toupet …

Sein späterer Trainer Udo Lattek in Gladbach hielt übrigens auch nie viel von dem Haarteil: »Horst Köppel hat damals Toupet getragen und ich habe im Spiel immer gesagt, er soll das abnehmen, weil das immer hoch geflogen ist.«

… und im Sommer 1971 während eines Spiels gegen Eintracht Frankfurt ohne Toupet

»Kleine Kinder machen immer so viel, wie sie dürfen.«

(Kritik von VfB-Trainer Matthias Sammer an der Leistung des niederländischen Schiedsrichters Peter Vink, der die raue Gangart der Budapester Spieler nicht unterbunden habe)

Christoph Daum im Februar 1991

»Sie haben ja ein paar bärenlange Jungs da vorne.«

(Jens-Jörg Rieck kommentiert einen Eckball des VfB.)

»Die Bundesliga ist wie ein Marathonlauf. Auf den ersten Kilometern wird nichts entschieden. Wir haben ein hohes Tempo vorgelegt, haben uns dabei übernommen und sind auf den Boden der Tatsachen zurückgekehrt.«

(Christoph Daum)

»Im Hinspiel haben wir noch mit irgendeiner Kette verteidigt.«

(Jens Lehmann)

»Themba«: das Schauspieldebüt von Jens Lehmann

VfB – Leverkusen 1:0

Stuttgart is Beck

Beck trifft für den Meister. Völler nagelt seine Leverkusener zusammen

VON ARMIN GRASMUCK, VIM VOMLAND UND ALEX GRÖMMINGER

»Da muss man nicht nach Worten finden.«

(Co-Trainer Andreas Brehme)

»Wenn ich das hier in den Fluren spüren würde, dass einer denkt, wir sind schon durch, dann grätsche ich ihn direkt ab.«

(VfB-Sportvorstand Fredi Bobic in höchster Abstiegsnot)

»Im Großen und Ganzen war es ein Spiel, das, wenn es anders läuft, auch anders hätte ausgehen können.«

(Eike Immel)

»Ich weiß, wo sie nicht hinwill, das ist schon viel wert.«

(Der scheidende Stürmer Cacau schmunzelnd über seine fußballerische Zukunft, bei der auch Frau Tamara ein Wörtchen mitredet)

»Habt ihr einen guten PSYCHOLOGEN **für uns?«**

(VfB-Torschütze Moritz Leitner fragt die Journalisten um Rat, als die Mannschaft sich mal wieder in der Schlussphase einen Gegentreffer eingefangen hatte.)

Autogrammkarte der Saison 2006/07

»Wir sind der Sympathieträger der Stadt. Wir geben sympathisch die Punkte her.«

(Jürgen Röber)

»Im Bett kann eine Frau so herrlich sein. Auf dem Fußballplatz wird sie mir aber immer schrecklich vorkommen.«

(Trainer Rudi Gutendorf)

»Wir haben uns eine ungünstige Position für das Rückspiel erarbeitet.«

(Christoph Daum)

»Man wird mit Blumen empfangen, aber leider sind noch die Töpfe dran.«

(Markus Babbel)

Autogrammkarte der Saison 2014/15

Dundee auf dem Cover des Stadionmagazins im Dezember 2000 …

… und auf einer Autogrammkarte aus der Saison 2013/14 vom VSV Büchig

»Ich muss den Überblick behalten, das sagt auch mein Trainer!«

(Sean Dundee auf die Frage nach seiner neuen und seiner alten Freundin)

Christoph Daum wird gefragt, ob er glaubt, dass er aus Thomas Berthold noch einmal einen ehrgeizigen Profi machen kann: ***»Glauben? Ich bin nicht Angestellter einer Glaubensgemeinschaft. Ich bin fest davon überzeugt!«***

»Interpretieren Sie, wie Sie wollen. Aber bitte richtig.«

(Egon Coordes)

»Es war eine unglaubliche Woche – im negativen Sinn.«

(VfB-Sportvorstand Fredi Bobic nach einer Niederlage bei Bayer Leverkusen und dem dritten 1:2 in Serie)

Fredi Bobic und der schwangere Thomas Schneider im August 1996

»Einer, dem ich sogar meine Frau für ein paar Wochen auf einer kleinen Insel anvertrauen würde. Es gibt nämlich wiederum Freunde in der Trainerzunft, mit denen würde ich meine Marion nicht mal mittags um zwölf Uhr auf dem Markusplatz in Venedig allein lassen.«

(Max Merkel über Willi Entenmann)

»Ich wüsste nicht, was wir reden sollten. Ich habe keine 24-jährige Freundin, ich habe ein anderes Leben.«

(Jens Lehmann auf die Frage, warum er und Oliver Kahn sich nichts zu sagen hätten)

»Ich habe genau **75 Milliliter** geschafft. Aber neuerdings braucht man **90**.«

(Kevin Kuranyi, auf die Frage, warum er bei der Dopingkontrolle so lange gebraucht habe)

»Wir haben zurzeit einen Lauf, wo es nicht so läuft.«

(Jürgen Röber)

Autogrammkarte der Saison 2008/09

»Den Ball haut man entweder ins Tor oder in den Neckar.«

(Sami Khedira nach einem Traumtor)

Als »Buffy« Ettmayer um das Jahr 1975 herum plötzlich nicht mehr regelmäßig spielt, mault er: »Ich will nicht auf die Bank, das kann ich auch auf meinem Balkon.« Ettmayer will seinen **Spaß beim Fußball** haben. In Hamburg lässt er einmal seinen Trainer in die Lüfte steigen. Als Kuno Klötzer gerade auf der Massagebank liegt, stemmt »Buffy« sie samt Coach nach oben. Sein Kommentar: »Sehen Sie, Trainer, wie gut ich zurecht bin?« Und als Klötzer das nicht recht einsehen will, lässt Ettmayer die Luft aus Klötzers Fahrradreifen und klaut ihm die Fahrradpumpe. Der Trainer muss nach Hause laufen.

»Man darf jetzt nicht alles so schlechtreden, wie es war.«
(Fredi Bobic)

»Ich glaube, er ist der erste Profi, der mit dem Fuß einen Baum fällen könnte.«
(Paul Breitner über Karlheinz Förster)

»Ich KNURRE nicht.«
(Coach Huub Stevens nach einem 1:1 in Bremen)

»Die Bayern vertragen keine Härte, und ich bin der Erste, der anfängt damit.«
(Thorsten Legat vor dem Spiel des VfB gegen Bayern München im Jahr 1996)

Thorsten Legat im Januar 1997 am Strand von Teneriffa

»Überhaupt gibt es einen großen Unterschied zwischen den Baden-Württembergern und den Berlinern. Im Ländle ist alles seriöser. Es wird erst einmal gearbeitet, bevor man viel redet.«

(Markus Babbel)

»Gerade in einem Spiel, in dem die Nerven **blank** liegen, muss man sein wahres Gesicht zeigen und die **Hosen** runterlassen.«

(Alexander Strehmel)

»Einige spielen kurzärmelig, um nicht die Ärmel hochkrempeln zu müssen.«

(Trainer Rolf Fringer)

»Ich weiß im Spiel nie, was ich gleich mache. Ich bin auch für mich selbst völlig unberechenbar. Manchmal staune ich sogar über das, was ich so alles auf dem Platz mache – aber erst, wenn ich's hinterher im Fernsehen seh!«

(Jürgen Klinsmann)

»Die muss ich wohl wegschmeißen.«

(Trainer Jürgen Kramny über seine beim Jubel über einen Siegtreffer kaputt gegangene Jeans)

Der Jubel am 30. Januar 2016, bei dem die Hose leiden musste

»Er hat auf einer mitteleuropäischen Wendeltreppe die Kurve unterschätzt.«

(Trainer Jürgen Sundermann über die Leistenverletzung seines Spielers Andreas Buck beim VfB Stuttgart)

Panini Premium Card der Saison 1995/96

»Er nimmt sich selbst nicht so wichtig. Dementsprechend fühlen sich alle in seiner Umgebung sehr wichtig.«

(Sportvorstand Robin Dutt über seinen Trainer Jürgen Kramny)

»Das war kein Zuckerbissen für die Fans.«

(Mario Gomez)

»So ein Tor am Samstag und ich zieh dir die Hose aus.«

(Alexander Strehmel im Training nach einem genialen Heber von Altin Rraklli)

»***Jung und erfahren*** gibt es im Fußball nicht. Das gibt es nur auf dem ***Straßenstrich***.«

(Sven Ulreich in Anlehnung an einen Spruch aus der TV-Serie »Stromberg«, nachdem er von Trainer Labbadia aus Mangel an Erfahrung vorübergehend aussortiert wurde)

Match-Attax-Karte der Saison 2011/12

Hansi Müller und seine Freundin Claudia bei einem romantischen Abendessen im April 1982

Ben Redelings ...

... ist einer der beliebtesten Geschichten-Erzähler des Landes, das wandelnde Lexikon der Fußball-Anekdoten und »der ungekrönte Meister im Aufspüren kurioser Fußballgeschichten« (»Deutsche Akademie für Fußballkultur«). Regelmäßig schreibt er für das Magazin *11FREUNDE*, den *Reviersport*, *Spiegel Online* und *n-tv.de.* Nach Meinung der *Jungen Welt* tut er dies sogar »um Längen besser als Nick Hornby«.

Seine Fußballabende SCUDETTO sind deutschlandweit bekannt, regelmäßig ausverkauft und genießen Kultstatus. In den letzten Jahren hat er zahlreiche Bücher im Bereich Fußball veröffentlicht. Darunter den Bestseller »50 Jahre Bundesliga. Das Jubiläumsalbum«. Mit seiner Frau und den beiden Söhnen lebt und arbeitet Ben Redelings in Bochum.

Termine und Blog: www.scudetto.de